数字传播背景下广告发展研究

姜帆 著

中国传媒大学出版社
·北京·

目 录

前　言

2015年年底,中国跃升为世界第二大广告市场。2016年,我国广告经营总额达到6,489亿元,是2010年的两倍有余。我国广告业多年来持续、快速、健康地运行,对我国经济和文化的发展以及世界广告业的发展都产生了积极的影响。而数字技术蓬勃兴起的时代背景,无疑既是我国广告业发展面临的新环境,也是一股强大的新生推动力。当人类步入数字技术时代,似乎生活中的一切都在发生着数字化革新,一次次刷新着我们固有的认知,改变着我们惯常的生活方式,甚至塑造出新的价值识别系统,以超越人们想象的态势重构着现实生活中的各行各业,广告也不例外。广告的形态在变,广告的内容在变,广告的传播方式在变,广告行业的格局也在变。在数字传播背景下,广告的发展究竟何去何从,是值得我们探讨的课题。本书以此作为研究目标,从广告的生存形态、产业形态和观念形态三个层面展开对广告发展问题的研究。

本书以达尔文主义为理论范式,构建数字传播背景下广告生存形态的研究框架。书中提出:广告生存形态演进的外部机制是媒介传播技术的进化发展,内部机制则是广告基因(包括声音、文字、图像)的遗传、变异和选择。数字传播背景下广告的生存形态呈现出从"媒介形态化"到"泛形态化"的转变,而资讯化和交互性是广告生存形态变迁的本质要求。

本书通过分析数字传播背景下新媒介广告形态传播特征的改变，重新对广告进行定义：广告是由可识别的广告主或消费者通过各种传播渠道公开传播有关生产与消费、供应与需求的商务信息的信息传播活动。它是一个资讯平台，以信息的交流互动、可移动搜索和个性化传达为重要特征，完成信息告知的功能。

本书提出，只有广告数据库才能在最大限度上满足广告变迁过程中资讯化和交互性的本质要求，因此专业化数据库生存将成为数字传播背景下广告的终极生存形态。书中对广告专业化数据库生存的核心内涵和具体形态作出了详细阐释。

本书将数字传播背景下广告产业形态的发展界定为“大广告产业”，这是基于营销传播领域的产业融合所形成的跨越传统广告产业边界的产业形态的一种概括，并从实践层面为大广告产业的实现指明具体路径。

本书提出了数字传播背景下广告营销观念从工具理性到价值理性的根本转型，提出新告知功能观，即广告向告知功能的回归和升级。

生活在数字时代，社会的发展日新月异，新现象、新知识、新观念总叫人应接不暇，有时难免思想混沌，因事物发展的不确定性而感到迷茫。若能寻找出万变中的不变，抑或是梳理出指导我们看清未来的发展规律，则无异于在混沌和迷茫的大海上发现了指明方向的灯塔，照亮前程，豁然开朗。对于广告行业的从业者或是研究者来说，若这本小书能够或多或少地发挥一些这样的作用，于我而言，足矣。

第一章 导 论

第一节 研究背景与研究意义

一、研究背景

(一)广告的生存与发展是广告理论研究中始终关注的重要议题

广告理论研究发端于20世纪初,在其漫长的发展进程中,广告的生存与发展问题始终是一个重要议题。即便研究者将广告的应用性研究作为基本取向,其终极目标仍是谋求广告更好地生存与发展,为经济发展作出贡献。广告理论研究可分为广告基础理论层面研究和广告前沿问题研究,且这两种研究是相互促进、相互影响的。在数字传播时代,数字传播技术的发展日新月异,在此背景下展开对广告发展问题的研究,是一个具有前瞻性的课题,同时它也涉及一些广告基础理论层面问题的重新探讨,如广告的定义、广告的功能等。因此，遵从广告学理论研究的传统，并通过对前沿问题的探讨推动广告理论研究的发展，是本选题得以确定的一个重要的学术研究背景。

（二）广告生存与发展的时代环境发生巨变——数字传播时代已经到来

任何事物的生存与发展都与其所处的环境密切相关，广告亦是如此。从古至今，伴随着不同时代社会环境和需求的变化，广告的生存形态不断作出适应性调整，呈现出日益丰富的面貌。继印刷技术、电子技术两次重大传播技术变革之后，当前人类社会已步入第三次重大传播技术革命时期——数字技术引领的数字传播时代。

广告赖以生存与发展的社会传播环境和营销环境在数字传播时代都已发生巨变。一方面，数字技术已经在社会传播网络中得到广泛应用，社会传播环境发生了显著变化。各种新的数字媒介形态应运而生，信息容量得到极大扩充，传播速度明显加快；更为颠覆性的变化是以往媒介传播者为主体的单向传播被受众与媒介的双向传播所取代，受众既是信息的消费者，也成为信息的生产者。另一方面，电子商务伴随着互联网的发展已成为主流营销方式，社会营销环境已呈现出一番新的景象。互联网不仅是商品供求信息的发布平台，也是商品买卖的交易结算平台，还是物流配送的调控平台。依托于互联网的电子商务的最大特点就是信息流与物流合一。

我们不禁要问，数字传播时代生存环境的改变将促使广告作出怎样的适应性调整？未来的广告将会以怎样的形态生存？未来的广告将遵循怎样的发展路径？当前数字传播的时代特征是本研究的一个重要时代背景，也是本研究作为前沿课题的重要依据。

(三)广告生存与发展的媒介环境发生变革，导致广告的生存形态正发生改变

广告的发展总是和媒介的变迁紧密相连。广告是动态发展着的，它一定会随着媒介的变迁而发生某种生存形态的转变。媒介技术发展所引发的媒介生存形态的变迁，必然导致广告生存形态的改变。陈培爱教授在其《中外广告史》一书中曾根据传播技术的演变过程，将广告在数字技术应用之前的发展划分为四个不同的时期：实物和叫卖为主体的古代广告时期、商标和牌号为主体的中世纪广告时期、报刊为主体的近代广告时期和利用电讯科技传递信息的广告时期。由此，广告生存形态的变迁过程清晰可见，即实物广告——叫卖广告——印刷广告——电子广告。技术的不断进步推动着广告从原始形态向现代形态的转变、从单一形态向多元形态的发展。

在数字传播背景下，数字技术的应用促使媒介环境发生变革，体现在媒介形态、传播形态和产业形态等诸多方面，这直接导致广告生存形态的变化。一方面，传统媒介正在向数字领域拓展，进行数字化转型，与互联网融合是传统媒介广告当下的主要任务。而从传统媒介广告发展的态势来看，其广告形态已呈现出即时、移动、搜索等特点。例如，很多人在刷微信朋友圈信息时会在众多熟悉的朋友图标中发现广告主发布的朋友圈信息，当然细看会发现它就是一条不折不扣的广告信息。广告对智能移动终端的依赖与占领可见一斑。另一方面，依托数字技术诞生的各种数字媒介层

出不穷，随之产生多种广告生存形态，成为当前广告发展的主流。例如网络广告、手机广告、博客广告、搜索引擎广告、网络游戏广告、数字电视广告、流媒体广告、微信朋友圈原生广告等。数字媒介海量、分众、互动和多媒体的特点，在数字媒介广告中也有所体现，尤其是广告信息的生产方式出现了重大变化。消费者作为终端用户也能够成为广告信息的制造者和发布者，这种主动参与和互动体验的方式往往能产生更强烈的效果，这是传统广告难以达到的。消费者传播能够打造一个新的广告活动空间，具有很大的发展潜力。

当前媒介数字化处于初级阶段，多样化的媒介形态为广告的生存与发展提供了巨大的空间，对广告的各种形态具有极大的兼容性。如果我们再将目光放得长远一些，媒介数字化最终将发展到数据库生存的终极阶段。当媒介数字化进入数据库生存的终极形态以后，媒介将会排斥广告。媒介的数据库生存使得广告无法进入其数据库系统。广告要获得生存，必须适应环境变化谋求新生，由逐步的变异到最后生存形态发生根本改变。那时广告的生存形态又将会呈现出怎样一番景象呢？未来广告的传播观念会和现在不一样吗？未来广告产业的发展格局又会出现怎样的变化？这番思考进一步促成了本研究选题的形成。

二、研究意义

本研究的意义主要体现在两个方面。

（一）理论意义

目前的广告理论研究普遍存在一个问题，即在应用性研究的基本取向下对广告基础理论层面的研究相当薄弱。而广告理论体系的重构需要强化广告基础理论层面的研究。理论是随着实践的深入而不断丰富和完善的。在数字传播技术和网络科技飞速发展的时代背景中，广告为适应环境的变化而作出调整，其发展的实践路径必将改写很多传统的基础层面上的广告理论，例如广告的定义、广告的本质、广告的功能等。本研究对新的时代环境中广告的基础理论问题重新展开探讨，有利于广告理论体系的更新和重构。

此外，数字传播背景下广告的发展问题也是广告学研究中的前沿话题之一。本研究将从生物进化论的视角回顾广告的演变过程，摸索广告形态变迁的普遍规律，并以此对广告的发展作出科学合理的预测。这是对广告理论的拓展和创新进行的新尝试，将从多学科的视角丰富广告理论研究的内容，完善广告理论体系和理论研究方法。

（二）实践意义

在数字传播背景下，随着现实传播环境和营销环境的改变，广告的生存形态也在不断发生变化。本研究对广告在数字传播背景下的生存形态变迁和未来发展展开深入研究，对于整个广告行业在数字传播时代健康持续地发展具有现实指导意义。

对于广告主、广告代理公司来说，把握广告生存现状和发展趋向，有利于他们形成正确的广告营销观念，制定合理的广告营销策略，采用有效的广告诉求载体和手段，最终达到理想的广告传播效果。

对于媒体来说，数字传播背景下广告生存方式的改变将促使其重新思考与广告的关系，根据媒介形态的变化选择切实可行的广告经营策略，或是通过拓展媒介产业赢利渠道，确保媒体的经济效益。同时媒介环境的变化会促使媒体对其社会角色和社会职责进行反思，满足受众的信息需求，实现社会效益的最大化。

对于广告产业的发展来说，明确未来广告的地位和功能，在数字技术引领的整合营销传播大背景下树立正确的产业发展观念，制定合理的产业发展路径，将会有利于广告产业更快适应市场变化，赢得市场先机，促进产业的大发展。

第二节　相关研究文献综述

一、数字传播与媒介形态变迁研究文献综述

广告的生存与发展总是与媒介的变迁密不可分。要研究数字传播背景下广告的生存与发展，前提条件是掌握数字传播背景下媒介形态的发展状况，并对其发展趋势作出预测。因此，有必要先对数字传播与媒介形态变迁的已有研究进行梳理。

媒介形态是媒介研究中的本体性问题。“媒介形态即媒介的形态构成(包括媒介的外部形态和作为内部结构的传播符号)、媒介的传播状态、媒介的传播过程和方式(包括受众接受媒介信息的

形式和途径)以及由此而展示的媒介功能、特征与发展趋势。"[①]

媒介形态理论的代表学者有三位,分别是马歇尔·麦克卢汉、杰克·富勒和罗杰·菲德勒。加拿大著名传播学家、媒介技术主义代表人物麦克卢汉在1964年出版的成名作《理解媒介——论人的延伸》的开篇,简明而精辟地谈到了媒介的形态变化,即"媒介即讯息"的观点:"所谓媒介即讯息只不过是说:任何媒介(即人的任何延伸)对个人和社会的任何影响,都是由于新的尺度产生的;我们的任何一种延伸(或曰任何一种新的技术),都要在我们的事务中引进一种新的尺度。"[②]杰克·富勒以一种动态的、比较性的视角论述媒介形态的变化。他指出:"每一种媒介都有自身的优势与劣势,它也会将这些强加在所携带的讯息上。新媒介通常并不会消灭旧媒介,它们只是将旧媒介推到它们具有相对优势的领域。"[③]罗杰·菲德勒基于"媒介形态变化不是一个简单的概念"的想法,深入地对媒介形态变化进行了宏观研究。他指出:"传播媒介的形态变化,通常是由于可感知的需要、竞争和政治压力,以及社会和技术革新的复杂相互作用引起的。"[④]他还提出媒介形态变化的六个基本原则:共同演进和共同生存的原则、形态变化的原则、增殖的原则、生存的原则、机遇和需要的原则、延时采用的原则。此外,美国传播学者保罗·利文森还提出"窗户理论",指出媒介形态的变化是"补救性媒介进化"的结果,即每一次媒介形态的改变都是在

① 蔡凯如.关于广播电视媒介形态的理论考察[J].湖南大众传媒职业技术学院院报,2003,3(1):11-15.

② 麦克卢汉.理解媒介——论人的延伸[M].何道宽,译.北京:商务印书馆,2000:33.

③ 富勒.信息时代的新闻价值观[M].陈莉萍,译.北京:新华出版社,1999:244.

④ 菲德勒.媒介形态变化:认识新媒介[M].明安香,译.北京:华夏出版社,2000:19.

修正前一次媒介形态的缺陷。①

我国学者邵培仁对人类传播史上的五次传播革命，即语言传播革命、文字传播革命、印刷传播革命、电子传播革命和网络传播革命进行了反思，得出结论："传播符号、传播媒介和传播科技始终呈叠加性状态发展。即新的传播革命爆发后，人类在旧的传播革命中所使用的传播手段不会被随之抛弃，而总是以一种新的面貌又出现在新的传播活动之中。它们的生存与发展似乎不遵循优胜劣汰、物竞天择的法则，好像更符合互动互助、共进共演的原理。"②这与罗杰·菲德勒提出的媒介共同演进和共同生存的原则不谋而合。

数字技术引领下的数字传播究竟会带给我们怎样的数字化媒介形态？以上几位学者的媒介形态变化理论，成为学者研究的主要理论来源。研究的议题则主要集中于数字传播与媒介形态的构成与变化、形态发展趋势以及关于媒介融合的探讨。

（一）数字传播与媒介形态的构成与变化

数字传播时代报纸媒介形态的构成，根本上取决于数字化接收终端的变化。"数字报纸的媒介形态变化，在当前的探索实践中，主要有以下几种：手机报、网络报纸、二维码方式、阅读器及电子纸方式、电子纸网络报亭、无线微波传输阅读器。"③英尼斯认为，媒介时空偏向性的取向实际主要依靠媒介技术的物理特性。来向

① 利文森.软边缘：信息革命历史与未来[M].熊澄宇，等，译.北京：清华大学出版社，2002：113.

② 邵培仁.传播学[M].北京：高等教育出版社，2000：42-44.

③ 来向武，赵战花.媒介特征与传播偏向的优势——当前我国数字报纸的媒介形态变化探析[J].新闻知识，2008(1)：66-68.

武、赵战花使用英尼斯“媒介的偏向”理论，分析出这几种新形态的数字报纸的共同特点是强化了传统报纸的空间偏向性。

伴随数字技术兴起的新媒介具有以个人性为指向的分众特点。在个人为本的理念下，简易信息聚合（Rss）、博客（blog）、维客（wiki）、播客等新的媒介形态诞生了。播客，指的是一种在互联网上发布音频文件并允许用户订阅 Feed 来自动接收新文件的方法，或用此方法来制作的音频节目。刘瑞生认为，播客是 Web2.0 时代的典型传媒形态，如自主的信息传播方式，以音视频为主的信息传播内容，与其他传媒形态的交融性等。①

在电视领域，学者们的普遍观点是：数字电视是媒介形态上的一次革新，是电视传媒业在信息时代传播方式的变革。刘雪颖②根据拉斯韦尔的“5W 模式”和罗杰·菲德勒的媒介形态构成理论，认为在传输方式、受众参与方式、传媒功能和传播内容四个方面，数字电视是对传统模拟电视的大变革。罗杰·菲德勒在《媒介形态变化——认识新媒介》一书中描绘了未来电视媒介的形态。未来电视机是一个具有高分辨率的、挂在墙上的数字屏幕。它有一个小巧的数字装置，叫电视代理器，能帮助用户从上千个节目中过滤出感兴趣的节目。未来会出现平面可携带电视，兼容了电视、电脑和广播的特性。交互式电视功能强大，突出体现在其互动性上。通过与交互式电视电缆连接，可以发送电子邮件；其频道空间可用于对数字式产品诸如报纸、书籍和音乐电视的综合快递，以供用户离线消费，从而更好地服务于电视会议和远程教学；电视和电影的

① 刘瑞生.播客：Web2.0时代的典型传媒形态——国内播客现状研究[J].中国传媒科技，2006(5)：46-51.

② 刘雪颖.从媒介形态的嬗变看数字电视现状和发展[J].当代传播，2003(5)：81-89.

界限将会逐步消失，新一代数字成像技术和大制式、高分辨率、全平面显示器，将会促进电视和电影的高度融合。① 而这样的预测已经成为现实。

网络电视也是一种顺应数字技术而生的新媒介形态，它将网络和电视合二为一。肖盼章认为：网络电视的出现不仅意味着电视传播技术的变革，更是电视传媒业在内容生产、经营模式和消费方式上的变革，引发了“形态融合”的媒介生态变革。在媒介融合时代，网络电视成为一个“巨无霸”的媒介发布平台。②

(二)数字传播与媒介形态发展趋势

张金海教授认为，专业数据库将是媒介未来主要的生存形态。“当前，传统媒体有两个发展趋向。一是以传统的方式继续存在；二是专业数据库生存。其中，专业数据库将是未来媒介主要的生存形态。付费的点播将成为受众获取数据库信息的主要方式。”③这为广告的生存发展提供了一个新的值得思考的媒介环境。

张立勤对未来媒介形态变化进行了预测：电子媒体（电子报、电子杂志、电子书）是未来文献领域的媒介形态，手机媒体是最具普及性的贴身媒介形态，数字交互电视将引领电视的黄金时代，播客是基于个性化的典型媒介形态。④

徐沁在其关于媒介融合的论文中专门研究了媒体科技融合下呈现的新媒体形态，如手机报纸、手机电视、交互式网络电视

① 菲德勒.媒介形态变化：认识新媒介[M].明安香，译.北京：华夏出版社，2000：19-20.

② 肖盼章.媒介形态视角下的网络电视研究[J].商业文化（学术版），2007(5)：18-19.

③ 张金海，王润珏.数字技术与网络传播背景下的广告生存形态[J].武汉大学学报（人文科学版），2009(4)：493-497.

④ 张立勤.20年后媒介形态变化断想[J].青年记者，2007(17)：15-16.

(IPTV)、车载广告、网络电台等。她总结了这些新媒体形态的新特征:交叉多元性、娱乐体验性、整合互动性。她认为,随着 Web3.0、IPTV 等技术的出现,下一代媒体形态将具备的初步特征表现为基于融合网络的 IPTV 所标榜的互动性、时移性。①

朱建伟对数字时代不同形态媒介共存的生存景观进行了总结:其一,媒体间的补偿性生存。新媒介的诞生是为了满足受众的需求,弥补原有媒介的不足,并不是完全替代旧媒介。其二,新旧媒介间的连接性生存。新旧媒介之间存在着传承关系,新媒介并不是自发独立产生的,而是从旧媒介的形态变化中逐渐产生的。其三,媒介形态的适应性生存。不同媒介会随着媒介生态的变化进行自我调整,以寻求自身的生存发展。其四,媒介形态的共生性生存。在媒介生态系统中,各种媒介进行优势互补,形成竞合关系。媒介形态之间的界限正在逐渐模糊。②

刘千桂首次提出"众媒介"理论。众媒介并不是一种全新的媒介形式,而是在反思媒介和人、社会系统关系的基础上对媒介的再认识,对社会信息系统的再认识。"众媒介是以人为中心,以信息传播为主线,是一个建立在媒体聚合基础上的信息传播的平台。"③这一聚合的媒介平台也可理解为媒介形态的一种变化。"所谓众媒介,即通过个人媒体的聚合、消费碎片的重聚或广告、商务、金融的融合,持久地实现广阔范围内的人与人、人与企业、企业与企业之间的合作和共享,实现企业和消费者价值最大化……"④这一阐

① 徐沁.泛媒体时代的生存法则——论媒介融合[D].杭州:浙江大学,2008.
② 朱建伟.数字传媒时代媒体的网络化生存[J].新闻爱好者,2008(8):96-97.
③ 刘千桂.众媒介理论——广告解放运动宣言[M].北京:中国传媒大学出版社,2008:8.
④ 刘千桂.众媒介理论——广告解放运动宣言[M].北京:中国传媒大学出版社,2008:14.

释更加明确了众媒介应用后的商业价值。

(三)关于媒介融合的探讨

随着数字传播技术的发展，报纸、广播、电视、网络等不同形态的媒介将走向融合，传媒业、电信业、娱乐业等不同形态的产业也终将走向融合。媒介融合成为学者们研究的焦点。

“媒介融合”(Media Convergence)这一概念最早由美国马萨诸塞州理工大学的伊契尔·索勒·普尔提出。媒介融合的定义尚未统一，呈现多样化的视角。学者专家、新闻从业人员均从各自的研究和实践角度，对其进行界定。较有代表性的定义如下：

美国新闻学会媒介研究中心主任安德鲁·纳齐森(Andrew Nahison)认为，媒介融合是“印刷的、音频的、视频的、互动性数字媒体组织之间的战略的、操作的、文化的联盟”。[①] 他所强调的“媒介融合”偏向于各个媒介之间的合作和联盟。

王菲认为：“媒介融合是在数字技术和网络技术的背景下，以信息消费终端的需求为导向，由内容融合、网络融合和终端融合所构成的媒介形态的演化过程。”[②]这里的“媒介融合”所强调的是媒介形态的融合演化过程。

美国西北大学教授李奇·高登(Rich Gordon)根据不同传播语境下“Convergence”所表达的含义，归纳出媒介融合的四种类型：媒介技术融合、媒介所有权融合、媒介策略性融合和媒介组织结构性融合。媒介技术融合主要指三网融合，即电信网、互联网和电视网

---

① 许日华，郭嘉.密苏里大学新闻学院副院长人民大学谈媒体融合[EB/OL].(2006-4-11)[2016-9-18].http://news.ruc.edu.cn/archives/7509.

② 王菲.媒介大融合：数字新媒体时代下的媒介融合论[M].广州：南方日报出版社，2007：21.

三大网络的融合，它是媒介融合的基础。媒介所有权融合是当今传媒集团更高层次的融合，是指媒介所有权的集中。媒介策略性融合是指在不同所有制下的电视、报纸、电影、网络等媒介之间在内容和营销领域的通力合作，它不需要媒介所有权的融合。媒介组织结构性融合是指随着媒介科技的融合及媒介所有权的融合，传媒从业人员的工作职责和媒介组织结构也随之发生变化。[①]

综观国内外学者关于媒介融合的研究，可以归纳为媒介经济、应用新闻学、传播学等不同的研究视角。基于本选题的研究内容，在此主要归纳学者们关于媒介融合的发展阶段以及未来趋势的研究成果。

许颖[②]提出媒介融合是分层次、分阶段进行的，并阐述了媒介融合的三个层次：互动、整合、大融合。第一层次是媒介互动，即媒体战术性融合，一般指传统媒体（报纸、广播、电视、杂志）与新媒体（互联网、手机）之间在内容和营销领域的互动与合作。第二层次是媒介整合，即媒体通过所有权的合并，进入更深层次的组织结构性融合。第三层次是媒介大融合，即不同媒介形态集中到一个多媒体数字平台上。随着媒体整合的深入和传媒科技的发展，数字化将成为未来各个媒体平台的共同存在形式，最终可能出现网络、媒体、通信三者的大融合，打造出全新的融多种媒体形式于一体的数字媒体平台。

关于媒介融合的未来发展前景，王鸿涛指出，数字技术打破了

---

① RICH GORDON.The Meanings and Implication of Convergence，Digital Journalism：Emerging Media and the Changing Horizons of Journalism [M]. New York：Rowman&Littlefield，2002：57-73.

② 许颖.互动·整合·大融合——媒体融合的三个层次[J].国际新闻界，2006(7)：32-36.

媒介的介质壁垒，使同一内容多介质实现成为可能。他分析了媒介融合凸显出来的竞争优势：一是不同价值链之间的联结点实现交叉销售，二是价值系统确立的竞争结构可以在市场上树立独特的竞争优势，三是实现广告的规模销售。①

克特雷尔(Ketterer)等研究者认为，媒介融合存在风险。他对两家以前作为竞争对手而后又建立了融合伙伴关系的报纸与电台在一个月内的新闻报道进行内容分析，结果发现竞争合作关系并没有达到预期的目的。②

A.迈克尔·诺尔(A. Michael Noll)认为，媒介融合是一个神话，是一种幻想。我们不能陷入对融合的盲目追求。如今的信息产业由很多部分构成，包括出版、广播、电视、电影、电信和互联网等，以前它们彼此界限分明，如今界限日益模糊，潜藏着危机，也孕育着新的机会。但并不因为媒介是数字化的就一定可以融合，其未来的发展取决于多种因素的汇合，如技术、消费者需求、商业文化、政策控制、财政状况。③ 诺尔为媒介融合的研究热潮注入了更多理性的思考。

综观数字传播与媒介形态变迁的研究，存在两个较为明显的缺陷：一是宏观笼统的描述性研究多，对各不同类型媒介形态变迁的前瞻性研究偏少，尤其是对融合媒介形态的研究成果更少；二是研究中普遍存在理论框架缺位问题，导致经验描述偏多，预测的随意性强，缺乏理论深度。

---

① 王鸿涛.媒介融合现状与前景[J].中国记者，2007(6)：72-73.

② KETTERER. Case Study Shows Limited Benefits of Convergence [J]. Newspaper Research Journal, 25(3): 52-65.

③ A.MICHAEL NOLL. The Myth of Convergence[J]. The International Journal on Media Management, 5(1): 12-13.

二、数字技术与新媒介研究文献综述

广告是动态发展的，遵循新技术——新媒介——新广告形态的发展逻辑。要探讨数字传播背景下广告的生存和发展问题，无法绕开数字技术和新媒介的话题。数字技术及其相伴而生的新媒介，直接影响着广告的生存和发展。因此，有必要对数字技术以及与广告传播相关的新媒介研究进行一番梳理。

（一）数字技术的起源、含义和优势

1946年，世界上第一台真正意义上的通用电子计算机问世，这是人类科学技术史和文明史上具有深远意义的一个事件，它标志着人类开始迈入数字时代，但当时主要是用于导弹飞行的控制和氢弹的研制。与以往人工处理信息用十进制进行计算不同，计算机使用二进制，即处理、存储和传送信息的基本单位是比特（bit，binary digit 的缩写），是由0和1组成的二进位数字。1981年8月，美国国际商业机器公司（IBM）推出第一台个人电子计算机（PC，Portable Computer）IBM5150，使计算机应用从军事领域走入人们的日常生活，并由此给人类社会带来巨大变革。

1995年，美国麻省理工学院教授兼媒体实验室主任尼葛洛庞帝（Negroponte）在其所著的《数字化生存》（*Being Digital*）一书中，将“数字化”提升到前所未有的高度。他认为，如果物质时代世界的基本粒子是原子的话，那么构成信息时代新世界的基本粒子就是比特。因此，他将“数字化”定义为：“数字化即‘物质原子’将

被‘数字化比特’代替。”[①]该定义揭示出数字化技术的内涵。他坚信报纸、电视等最终都将数字化，并提出“数字化将决定我们生存”的著名论断。

1996年，托马斯·鲍德温（Thomas Baldwin）等在《大汇流：整合媒介信息与传播》（*Convergence：Integrating Media，Information and Communication*）一书中，将“数字化”的定义进一步细化：“信息能被计算机存储和处理，也可以不失真地被传递，而数据库内的信息和处理程序可以由其他用户访问、传送、直接提用或存储，意味着这个传播系统各个点之间是相连的，同时相互之间是可以得到回应的，因此这种系统是交互式的，整个传输网络被称为网络。而无线、有线通信新技术的融合，使得广播、电视、电信、因特网之间开始前所未有地大融合，理想的宽带传播系统（broadband communication systems）意味着这个系统集声音、图像、数据于一体，并有按需存储和交互功能。数字化的信息涵盖所有传播内容，包括数据、音频与视频，涉及对话、数字、文字、图形、音乐、电影和游戏等内容。”[②]这一定义详细阐释了数字技术对信息传播方式的改变以及不同媒介信息的融合趋势。

“所谓‘数字技术’（Digital Technology）是指将连续的模拟信号经过取样、量化和编码成为一个个离散的二进制数字信号，每个数字信号只有‘1’和‘0’两种结果，分别用一个个脉冲来代表，然后进行各种功能的处理、传播、存储和记录，也可以用计算机进行处

---

① 尼葛洛庞蒂.数字化生存[M].胡泳，范海燕，译.海口：海南出版社，1996：14.

② 鲍德温，麦克沃依，斯坦菲尔德.大汇流：整合媒介信息与传播[M].龙耘，官希明，译.北京：华夏出版社，2000：4.

理、检测和控制。”[①]

数字技术的优势[②]主要有：第一，抗干扰能力强，信号质量高，还原效果出色；第二，可根据要求使用压缩编码技术减少数据率，降低存储空间；第三，频谱利用率高，传输效率高；第四，数字技术可以与计算机、通讯等其他领域的技术融为一体；第五，便于实施加密/解密和加扰/解扰技术。

对于新媒介的传播技术演进，学者们也进行了探讨。“当前WebX.0研究模式是基于网络的数字化技术的技术发生和演化逻辑的一种描述。”[③]“维基技术等 Web2.0 技术将推动新闻信息传播走向媒体和公众共同运营的新闻信息传播时代。”[④]匡文波指出，手机媒体正在改变现有的传播格局。雷震洲认为，移动互联网将进入快速发展轨道，成为互联网发展的第二次浪潮。这些媒介传播技术的演变都将深刻影响媒介和广告形态未来的发展，值得关注。

(二)新媒介的界定及其特征研究

1.新媒介的界定

据陈刚教授在《新媒体与广告》一书中的阐述，“1967 年，美国CBS(哥伦比亚广播电视网)技术研究所所长 P.戈尔德马克(P. Goldmark)发表了一份关于开发 EVR(Electronic Video Recording，电子录像)商品的计划，其中第一次提出了‘新媒介’

---

① 朱强.广播电视新技术[M].杭州：浙江大学出版社，2004：22.

② 黄琳.数字技术对新闻传播的影响[D].长沙：湖南师范大学，2008：7-8.

③ 喻国明，李莹.“Web 圆桌”的演进及其社会效应[J].新闻与写作，2008(10)：27-28.

④ 高钢.谁是未来新闻的报道者？[J].国际新闻界，2008(6)：60-65.

(New Media)一词。”[①]

关于新媒介的确切定义，学界、业界并没有统一的说法，但对于新媒介的动态发展和相对性的认识较为一致。“由于在20世纪末以来因数字技术引起的大众传播形态的迅速变革以及未来可能引起的进一步变革，人们一时还难以对大众传播作出新的界定，目前只能在概念上用‘传统媒介’和‘新媒介’暂时予以显得有些含混的表述。”[②]程洁也认为：“‘新媒介’中的‘新’是一个相对的概念，它永远是与‘旧’‘传统’等词相比较而言。……‘新媒介’作为研究对象是处于动态发展过程中的。”[③]按照普遍接受的观点，传统的大众媒介包括报纸、广播、电视、书籍、杂志、电影。网络是最早出现且最典型的依托数字技术的新媒介形式。陈刚在2002年的《新媒体与广告》一书中专门将网络作为新媒介的代表，来研究新媒介的形式、特征及其广告应用和对广告发展的影响等方面的问题。而随着网民人数的增加[④]，网络早已被赋予“第四媒体”的称号，而一些传播学书籍[⑤]则更是将网络媒介归入大众媒介的范畴。我们暂且不论这种划分是否准确，但新媒介发展的速度之快可见一斑。相对于数字电视、手机报纸、IPTV等诸多新媒介来说，网络媒介的确已算不上“新”。

由于新媒介无法离开数字技术，所以也有“数字媒介”“新数字

---

① 陈刚.新媒体与广告[M].北京：中国轻工业出版社，2002：1.

② 黄晓钟，杨效宏，冯钢.传播学关键术语解读[M].成都：四川大学出版社，2005：11.

③ 程洁.试论新旧媒介的划分[J].国际新闻界，2006(5)：40-43.

④ 根据中国互联网络信息中心(CNNIC)2016年12月发布的《第39次中国互联网络发展状况统计报告》，截至2016年12月，中国网民规模达到7.31亿，手机网民达6.95亿。

⑤ 如王文科等主编的《传媒导论》、美国学者斯坦利·J.巴伦的《大众传媒概论——媒介认知与文化》。

媒介”等说法。另外，由于“媒介”与“媒体”两个词的长期混用，“新媒体”“数字媒体”的说法也很常见。虽然称呼各异，但内涵都是一致的。比如，陈培爱认为：“新媒体简单地讲就是相对于传统的四大媒体而言，新近出现或发现有价值的，运用了宽带网络、数字技术等高科技手段，更多元、互动、便携的媒体形式。”[①]叶茂中认为：“新媒体主要是以计算机信息处理技术为基础，以互联网、无线通信网、卫星等渠道作为运作平台的媒体形态，使用有线、无线通道的传送方式，如互联网、手机媒体、移动电视、电子报纸等。”[②]

综观诸多新媒介、新媒体的定义，笔者认为王文科在《传媒导论》中的界定比较全面：新媒介是“利用数字电视技术、网络技术、多媒体技术、通信技术，通过互联网、宽带局域网、无线通信网和卫星等渠道，以电视、电脑和手机为终端，向用户提供视频、音频、语音数据服务、连线游戏、远程教育等集成信息和娱乐服务的一种传播形式”。[③]

有学者对近年来出现的数字新媒介做过统计。“据不完全统计，目前比较热门的新媒体不下 30 种，如数字电视、直播卫星电视、移动电视、IPTV、网络电视、电线上网、楼宇视频、移动多媒体（手机短信、手机彩信、手机游戏、手机电视、手机电台、手机报纸等）、网上即时通讯群组、对话链（Chat words）、虚拟社区、博客、播客、搜索引擎、简易信息聚合（RSS）、电子邮箱、门户网站等。”[④]

郑欣基于媒介与广告逻辑关系的视角发现：“现在发展起来的

① 陈培爱.中国广告业：发展中摆脱困境[J].广告大观（综合版），2007(6)：33-35.

② 叶茂中.危机与机遇：互动时代的中国广告业[J].广告大观（综合版），2007(65)：41-42.

③ 王文科.传媒导论[M].杭州：浙江大学出版社，2006：316.

④ 郭炜华.新媒体基本特质及发展趋势[N].中华新闻报，2006-3-15(C4).

许多新媒介，与传统的大众媒介相比，甚至与网络和手机媒介相比，有一个明显的不同之处：传统大众媒介以及新媒介中的网络和手机都是‘先媒介，后广告’——广告主看到了这些媒介的影响力，然后利用其进行广告投放；而新兴的广告媒介中的各类移动车载电视、楼宇液晶视频等则是‘先广告、后媒介’——营销者发现这些地方可以作为分众化传播的有利场所，因而出于播放广告这一营销目的，使其得以新生和发展起来。”①这里所说的一类新媒介，是典型为广告而生的新媒介，它们是传统媒体与数字技术的新结合，为覆盖细分出的受众群体而诞生的新媒介，如楼宇液晶电视、高校视频、公交视频、卖场视频、地铁视频等。

值得我们注意的是，网络和手机作为新媒介的典型代表，具有一个共同点：它们既是一种媒介形态，也是更多新媒介诞生的平台。以网络作为传播平台的新媒介有博客、播客、维客、网络电视、网络报纸等，以手机作为传播平台的新媒介则有微信、手机报纸、手机电视等。它们同样也成为数字时代广告的新载体，但区别于上文所说的为广告而生的新媒介。

2.新媒介的传播特征

数字技术决定了新媒介的传播形态与传统媒介是不一样的。程洁强调用“数字化”来区分新旧媒介传播形态。“数字化是新旧传播形态最大的区别，‘数字的’一词比起‘网络的’一词更能总结出现代传播的特征，数字化的传播行为也是可以作为一个相对独立的传播形态的，因此，界定新的传播形式，‘数字的’相对于旧有的‘网络的’，是一个更好的定语。这里并不是要否定按载体区分

① 郑欣.空间的分割——新媒体广告效果研究[M].北京：中国传媒大学出版社，2008：10.

传播形态的意义，但是对于研究互联网之后产生的新数字媒介来说，为了防止割裂媒介之间越来越紧密的相互关系，现在已经到了该换个角度归纳新旧传播形态的时候了。”①

“数字化是把模拟信息转换成计算机能读取的由 0 和 1 组成的信息。在数字格式中，音频、视频和文本信息能混合在一起并融为一体。”②上面所提到的数字技术传播优势对于以数字技术为依托的新媒介来说，可谓与生俱来。这些优势凸显着新媒介的传播特征，对此学者们的研究结论基本一致。经笔者总结，主要表现为以下几点：

海量。采用数字压缩编码技术处理信息，可减少信息占有空间，从而极大增加频道传输的信息量。“海量存储体现在两个方面，一是本地存储技术的进步。这是一种无网络连接前提下的存储形态，如硬盘、U 盘等。二是网络存储，它借用互联网的高速传输将信息存储于异地的介质空间，需要使用时再通过网络连接调取信息资料。这两种存储方式互为依托，将整个社会数字传输系统的存储空间推向无限大。”③

分众。美国未来学家阿尔文·托夫勒说，“分众，是新媒介体系的特征”④。丹尼斯·麦奎尔认为：“新的传播技术会使受众出现某种细化和分化趋势。”⑤新媒介的出现正是对受众细化和分化现象的回应。黄升民指出：“现代社会的大众市场正在发生变化，受

---

① 程洁.新数字媒介论稿[M].上海：上海三联书店，2007：6.

② 帕夫利克.新媒体技术——文化和商业前景(第 2 版)[M].北京：清华大学出版社，2005：127.

③ 于小川.技术逻辑与制度逻辑——数字技术与媒介产业发展[J].武汉大学学报(人文科学版)，2007，60(6)：871-874.

④ 托夫勒.权力的转移[M].北京：中信出版社，2006：221.

⑤ 麦奎尔.受众分析[M].北京：中国人民大学出版社，2004：133.

众呈'碎片化'态势，并且接触大众媒体的时间减少，导致大众媒体影响力下降。……新媒体在新技术的驱动下迅速成长，对传统媒体的威胁日益加剧。受众在'碎片化'背景下开始重新聚合，拥有相似生活形态的受众逐渐聚集，形成分众群体。他们对新媒体的趋向促进了新媒体的发展。同时，新媒体的发展又加速了'分众化'趋势。"①

互动。美国学者波斯特提出"双向的、去中心化的交流的第二媒介时代"②的时代标号，其思考的重心就在于互联网等新媒介会改变以往单向的中心化的大众传播模式，互动传播将改变受众被动接收信息的交流习惯。"数字媒体实现了信息在发送者和接收者之间的双向流动，这是以往的大众媒体无法做到的。"③这要归功于数字技术高效的频谱利用率。"在数字技术的管网中，信息的上行和下行几乎同时进行。模拟技术的传播系统如同单行道，回程的车流需要走另外的通道；而数字技术的信息管网是个双向道，主动发送的信息和反馈的信息在这个通道内对向而行。"④

多媒体。多媒体融汇是数字技术最重要的特点，这一特点成就了数字技术强大的融汇力量，文字、图像、声音等信息形式在数字技术支撑下得到全方位融合。数字多媒体是数字技术在多媒体领域的应用。"数字化多媒体技术是指将文本、音频、图形、图像、动画和视频等多种媒体信息通过计算机进行数字化采集、编码、存储、传输、处理和再现等，使多种媒体信息建立逻辑连接，并集成一

① 黄升民，杨雪睿.碎片化背景下的分众传播与新媒体发展[J].市场观察，2006(5)：34-37.

② 波斯特.第二媒介时代[M].南京：南京大学出版社，2001：18.

③ 王宏.数字媒体解析[M].重庆：西南师范大学出版社，2006：9.

④ 于小川.技术逻辑与制度逻辑——数字技术与媒介产业发展[J].武汉大学学报(人文科学版)，2007，60(6)：871-874.

个具有交互性的系统。”①以微博、播客、网络视频等为代表的新数字媒介形态，就体现出多媒体传播形态融合的特点。

此外，学者们对新媒介的研究议题还包括新媒介传播现象、新媒介产业以及新媒介发展态势等。基于它们与本研究选题的关联程度不高，在此不再赘述。

三、数字传播与广告发展研究文献综述

在有关数字传播技术与广告未来发展的讨论中，学者们大多肯定了技术的重要性，认为数字技术是促进广告发展的变革性力量，是研究广告生存与发展的重要现实背景和前提。

程士安对“是什么力量改写了广告的神话时代”这一问题的回答是：“现代市场的实践告诉我们：是‘数字化’引发了传统市场的变革、引发了营销传播实践与理论的又一场大革命。这场革命的起因是现代科学技术改变了传媒形态和传播规律，改变了受众接触和接收信息的途径和方法，从而也改变了营销信息的传播环境及传播方式。”②“研究在Web2.0条件下的营销及其传播规律与方式，便成为重新理解‘广告’的重要前提，理解中国广告业走向何处的思想前提。”③

舒咏平认为数字技术代表着一场真正的变革。“过去不久的20世纪，传播技术已经发生了翻天覆地的变化，但是真正形成对广告生存挑战的变革性技术变化却是近年兴起的‘数字化’浪潮。数

① 黄琳.数字技术对新闻传播的影响[D].长沙：湖南师范大学，2008：6.

②③ 程士安.国际视野下的中国广告业发展之路[J].广告大观(综合版)，2007(6)：27-29.

字技术标志着一场真正的变革，其意义远远超过了单纯技术的巨变。”[①]

熊蕾认为技术是广告的本体逻辑。“对广告而言，技术已不再是外在力量，而成为广告的本体化存在和本体逻辑。广告依靠技术而存在，技术成为广告内在的核心构成要素，同时也成为广告为自身辩护、增加自身影响力砝码的最佳武器。”[②]

毋庸置疑，数字技术与广告发展逻辑联系紧密，数字技术的发展是决定广告未来生存与发展的重要因素。尼葛洛庞帝在《数字化生存》一书中使用了“向广告说再见”的标题，旨在告诉我们在未来的数字化生活中“广告变得非常个人化，以至于我们几乎分辨不清什么是新闻，什么是广告了”[③]。广告原有的面貌将不复存在。

在新的数字传播环境下，广告的传统定义显然已经不能涵盖广告呈现的多种形态样式。很多学者尝试对广告重新进行定义，从中我们也能看出广告的变化和发展。

广告的本质是一种信息传播活动，向消费者传递有关商品的信息，以促进商品的销售。美国广告主协会对“广告”的定义为：广告是付费的大众传播，其最终目的为传递情报，转变人们对广告商品的态度，诱发其行动而使广告主得到利益。英国《简明不列颠百科全书》对“广告”的解释是：广告是传播信息的一种方式，其目的在于推销商品、劳务，影响舆论，博得政治支持，推进一种事业或引起刊登广告者希望的其他反应。

① 舒咏平.数字传播环境下广告观念的变革[J].新闻大学，2007(1)：98-101.
② 熊蕾.广告的权力机制研究[D].武汉：武汉大学，2008：117.
③ 尼葛洛庞帝.数字化生存[M].海口：海口出版社，1997：199.

多数学者认为，数字时代广告的内涵扩大了。杜国清①、舒咏平等学者在专著中都有所提及。舒咏平在《新媒体与广告互动传播》一书中系统提出了广告互动传播概念与理念，在研究新媒体技术与广告互动传播关系的基础上，指出互动一直是广告传播的一种追求，即使在传统媒体上也有一定体现。他认为“广告是由特定的组织和个人通过付费方式获得各种媒体载具上的时间与空间，旨在引导受众的情感态度与响应互动的、有关商品和观点的信息传播。”②张金海教授对网络时代广告的界定是：“凡在网上发布的有关生产与消费、供应与需求的所有商务信息，都属于网络广告的范畴。”③网络上出现的大量商务信息，包括卖方的销售信息和买房的需求信息，都是广告新的生存形态。

数字化时代更为个人化的传播方式将使受众能更多地控制传播的渠道，互动媒体备受青睐，这引出了一个有关广告的新概念——许可营销。其意思是，“当消费者能够控制传播渠道时，他们可以自行选择接收包括广告在内的信息。可以假定的是，消费者发出许可是因为广告客户所提供的产品或服务能够或是在将来有可能为消费者解决问题。”④

未来的广告将如何生存与发展？这是任何一个广告研究者不能回避的问题。以下是对此议题已有研究成果的归纳总结。

（一）广告日益资讯化，并发展成为沟通平台

张金海教授主张网络与数字传播时代广告告知功能的回归。

① 杜国清在《广告即战略——品牌竞合时代的战略广告观》一书中提出新的广告观。
② 舒咏平.广告传播学[M].武汉：武汉大学出版社，2006：5.
③ 张金海.20世纪广告传播理论研究[M].武汉：武汉大学出版社，2002：177.
④ 拉塞尔.克莱普纳广告教程(第十五版)[M].北京：中国人民大学出版社，2005：24.

"由于种种因素的制约,在传统媒介状况下,广告要实现完全商品信息的告知是不可能的;但是,在网络与数字传播背景下,则成为一种可能。"[①]他认为广告只有回归告知功能,实现完全商品信息的传达,才能真正提升广告传播的效果。这一广告功能观的转变,奠定了广告发展成为沟通平台的理论基础。

黄升民教授提出"平台"的概念。"广告已经资讯化,信息传播者和接受者的界限日益模糊,企业发布着资讯并收集着消费者的反馈信息,消费者搜索着需要的资讯并愿意向企业提出建议和意见。在这种背景下,和消费者充分且有效地沟通是企业获取并培育忠实顾客的主要途径。相应地,广告开始从简单的传播工具向集多种交流渠道和多类交流方式于一体的沟通平台演化。'多媒体'与'泛媒体'潮流为广告的'平台'化提供了必要的条件,广告'平台'则可以凭借其定向、精准、互动等特征,向消费者和企业充分传递各自所需的有效信息,从而填平企业与消费者的信息鸿沟,消除二者之间的信息不对称。"[②]此处强调数字多媒体技术为广告资讯化和平台化的发展提供了必要的硬件支持。

丁俊杰教授在谈到媒体新格局与广告传播形态的演变时,提出"广告传播平台化"的观点。"在信息泛滥的今天,怎样才能吸引消费者主动出击去搜索并分享广告信息?我们的回答是'广告传播平台化',以网络技术和数据库技术为内核,将原来对于消费者的'轰炸式'的传播方法演化为'尊重本体需求下的吸引'模式。"[③]

---

① 张金海,廖秉宜.网络与数字传播时代广告告知功能的回归[J].广告大观(综合版),2006(7S):48-49.

② 黄升民.分与聚:一个潮流五大关键[J].广告大观(综合版),2007(6S):25-26.

③ 丁俊杰.2008年,中国广告业的动力与动向[J].山西大学学报(哲学社会科学版),2008(3):43-47.

他从传播方式的角度强化了广告平台化发展对于消费者的重要意义。

(二)广告的生存形态、传播形态、观念形态、产业形态都将发生重大改变

卢安宁在博士论文《数字时代的广告生存形态研究》中提出数字时代广告的生存形态是：精准化传播、个人化生存、公关化生存、口碑化传播、娱乐化生存。① 笔者认为，此处关于生存形态的讨论，更多是在强调广告在数字时代的传播特点。黄迎新将广告的传播形态纳入生存形态的研究范围，指出“对广告生存形态的考察有两大维度，其一是考察广告媒介形态，其二是考察广告传播形态”②。在研究中多数学者并未将生存形态与传播形态进行明确区分，有时甚至混用。但在论述时两者还是有一些差别的。生存形态更偏向于强调广告的媒介形态，如网络广告、数字电视广告、手机广告等；传播形态更偏向于强调不同媒介形态广告的传播特点。例如，黄迎新认为，数字技术导致广告媒介形态的多样化和碎片化。多样化体现在遗传型、共生型和衍生型等广告媒介形态的共存。碎片化体现在广告媒介由大类裂变为众多的小类。而数字技术背景下广告传播形态的变迁则体现在由单向传播变为双向传播、由大众传播变为分众传播以及由单一传播变为整合传播。③

张金海教授认为广告的生存与发展是广告学研究最前沿的话题。“在新的营销传播环境下，广告要谋求更好的生存与发展，必须作出生存形态、传播形态乃至观念形态的重大调适与改变。”④他

① 卢安宁.数字时代的广告生存形态研究[D].武汉：武汉大学，2008.
②③ 黄迎新.数字技术背景下的广告生存形态变迁[J].东南传播，2009(6)：15-17.
④ 张金海.广告的现实生存与未来发展[J].武汉大学学报(人文科学版)，2009(4)：492.

对数字传播背景下广告的生存形态问题给予了高度关注，认为：在数字技术与网络传播背景下，传统广告将继续存在，并通过创新适应新媒介生态环境的变化。但广告生存形态的变化绝不仅止于传统广告的延续和创新，还必须产生新的生存方式和生存形态。专业数据库将成为数字技术与网络传播背景下未来广告生存的终极形态。① 关于广告的观念形态问题，余晓莉指出：在广告发展的历程中，为了适应社会经济的不断发展，广告的营销功能观走过了从告知、劝服再到诱导的发展阶段。然而，诱导功能的不断张大使广告的发展走入了误区。面对现代广告发展的窘境，广告的营销功能观亟待转型。与传统媒介时代相比，数字与网络传播技术的发展给广告告知功能的回归带来了现实的可能性。② 程明对数字技术背景下整合营销传播兴起的营销环境中广告的产业形态进行考察，其观点表明：在整合营销传播的全球背景下，广告的未来发展趋势将是以广告为工具整合其他营销传播手段，由此带来广告产业形态的重大改变，即由提供单一广告代理服务的广告产业走向提供广告、公关、促销、营销咨询等多元化服务的“大广告产业”。③

舒咏平教授从广告的表现形态角度探讨广告未来的发展。他认为，在数字传播环境下，广告形式将由明确变为消融。其原因在于，“随着社会整体生活水平和受众文化水平的提高，总体上媒体

① 张金海，王润珏.数字技术与网络传播背景下的广告生存形态[J].武汉大学学报(人文科学版)，2009(4)：493-497.

② 余晓莉.广告营销功能观的历史变迁与现代转型[J].武汉大学学报(人文科学版)，2009(4)：498-501.

③ 程明，姜帆.整合营销传播背景下广告产业形态的重构[J].武汉大学学报(人文科学版)，2009(4)：502-507.

经营收入中的受众付费的比例将逐渐提高，传统的广告形式——单独占有媒体时间和空间的广告则必然受到抵触。这一抵触的结果，首先就是在数字媒体上，广告所体现在时间和空间上的形式不再明晰可辨，而是消融近无。”[①]他认为数字时代的广告很难再有明确的形式，几乎等同于电子商务、数字传播的所有形式。“在这种广告形式趋于消融中，广告信息则从两个方面进行变形：一方面，数字传播的广告形式变形为信息专栏，其简洁、个性化标题背后，链接的是一个个虚拟商品展厅及电子商务全套事项。另一方面，则是硬性的或显性的广告变身为软性广告、隐性广告，或曰植入广告。”[②]

陈刚用“后广告”的概念对未来广告作出界定：一方面未来广告是传统广告的延续，另一方面也是适应未来社会和媒体变化的更具互动性的广告形式。“我们之所以提出后广告的概念，只是为了表明作为一个怀疑者、思考者，同时也希望是一个建设者的态度，那就是在受到网络时代各种新的因素不断渗透与影响而不断变化的广告空间里寻找并探索一个新的世界秩序与生存逻辑。……网络引发并实现了一次媒体的革命，而作为这次革命动因的核心就正是‘互动’。”[③]在此，他不仅强调了网络传播是未来广告的主导，更突出了未来广告互动性的传播特点。

J.托马斯·拉塞尔(J.Thomas Russell)和W.罗纳德·莱恩(W.Ronald Lane)在《克莱普纳广告教程》一书中谈到未来广告时也强调了双向互动的传播特点。“互动技术将把一系列根本性的变化引入销售者与购买者的关系中。……以消费者为中心的观念

①② 舒咏平.数字传播环境下广告观念的变革[J].新闻大学，2007(1)：98-101.
③ 陈刚.后广告时代——互联网时代的广告空间[J].现代广告，2001(7)：28-29.

创造了这样一种环境——在这里产品是为消费者设计的，而不是强迫消费者接受现有的东西。很显然，这种过程将会引起广告业根本性的变革。"[①]

针对后广告时代的新环境，陈刚提出用"创意传播管理"代替原来的广告。他说："新的环境里，企业的营销传播发生了变化，要做的不是单纯的广告或公关，不是单纯的局部的问题，而是一个整体的问题，这个整体的问题叫作创意传播管理。"[②]创意传播管理旨在解决企业的三大问题：传播管理、创意传播和传播接触。他甚至认为，"这种框架有可能会对整个产业结构将来形成新的影响，就是企业的需求，现在已经不是广告了。根据这个需求确定了三类创意传播管理的广告公司，第一类做传播管理的公司，第二类做创意传播的公司，第三类做传播接触的公司"[③]。可见，当广告变成"创意传播管理"，整个广告业将呈现另一番格局。

王菲认为，在融合化的媒介空间下，广告形态发生了深刻变革。主要体现在以下几个方面：广告受众在规模化基础上分化重聚，联合、精深的广告经营形态，广告方式向"即时、移动、索取、简约"延伸，广告空间向互联网扩展，逆向广告活动兴起，搜索引擎为广告形态中的经络，依托于数据库的精准广告。[④]

（三）对已有研究的总体评价

从总体上看，广告学者关于数字传播背景下广告生存和发展问题的思考基本上还只是处于起步阶段。他们已经意识到广告生

---

① 拉塞尔.克莱普纳广告教程（第十五版）[M].北京：中国人民大学出版社，2005：36.

②③ 陈刚.后广告时代——创意传播管理革命[J].广告大观（综合版），2008（7）：28-29.

④ 王菲.媒介融合中广告形态的变化[J].广告大观（理论版），2007（6）：17-21.

存环境的变化必将促使广告发生适应性的改变，并对广告已经发生的形态改变给予了充分的关注。但这种关注的偏向具有一定的局限性。

第一，多数研究停留在对各种依靠数字技术而生的新媒介广告形式的描述层面，虽然颇具新意，却缺乏理论深度。例如，对于网络广告、手机广告、数字电视广告、微信朋友圈广告等新媒介广告形态的研究众多。此类研究在紧跟时代潮流的同时也因对问题本质思考的缺乏而丧失其研究价值。

第二，研究者们比较热衷于从数字技术导致传播特征改变的角度去探究广告未来的发展，而较少回归到广告信息告知功能的起点，从消费者需求的角度去思考究竟什么样的广告是大众认可的，进而探讨能否借助数字传播的新媒介环境建立一个大众主动参与的广告系统。媒介经济学家布鲁斯·欧文说："我对自己提出的最重要的问题是：怎样使广告成为人们不仅愿意容忍而且乐于获得的东西？"笔者对此极为赞同。但除愿意容忍和乐于获得之外，还有一个易于获得的问题。对于广告生存和发展的研究，目的就是要建构一个这样的广告生态：让消费者能够在需求驱动的前提下主动索取广告信息，且索取的过程是便捷的，索取的结果是令人满意的。

第三，一些有新意、有价值的学术观点脱颖而出，令人深受启发。例如，广告资讯化、平台化的观点，是综观广告生存现状中的重大变化并对未来发展慎重思考之后以宏观视野提出的重要论断；广告的专业数据库生存形态的提出，是在准确把握媒介生存形态发展趋势的基础上作出的判断，极具前瞻性。但有关这些想法如何在广告运作中具体实施的论著目前还并未出现。本研究力图借鉴这些极具价值的学术观点，做进一步思考和探究，从理论上论证其合理性，并解决一些实践中的具体问题。

第三节　本研究力图解决的主要问题与理论资源

一、本研究力图解决的主要问题

广告所指涉的对象有微观、中观和宏观之分。广告的形态有表现形态和活动形态之分。本研究的重点是从表现形态的角度探讨微观层面的广告本体的生存问题，并在此基础上兼顾广告产业、广告观念的发展问题。

概括起来，本研究力图解决的主要问题有如下几个方面：

(一)以深入分析数字传播背景下媒介形态的变迁作为前提，解析数字传播背景下广告生存形态的变迁

广告是动态发展的，遵循新传播技术——新媒介形态——新广告形态的发展逻辑。广告必须以媒介作为传播载体，广告的发展总是与媒介的发展紧密相关。因此，深入分析数字传播背景下媒介形态的变迁，成为本研究力图解决的首要问题。

回溯广告的发展历程，每一次新传播技术的诞生导致媒介生存形态的改变，都迫使广告不得不作出相应的调整，改变生存形态以适应新的媒介环境。1450 年，德国人古登堡发明铅合金活字印刷术，印刷媒介应运而生。口头叫卖、实物陈列等原始的广告生存形态逐渐被印刷广告、报纸广告这种更加先进、高效的广告形态所

取代。进入20世纪以后，电子技术的发展日新月异。广播、电视、电影、录像、卫星通讯、电子计算机等新的电子媒介形态的诞生，促使广告进入了现代化的电子技术生存形态阶段。当前正在进行的第三次重大传播技术变革——数字技术革命，不仅会促使媒介生存形态发生改变，而且更为关键的是，不同于前两次传播技术革命，数字媒介的变迁将引发整个媒介领域的全方位变革。当数字传播背景下媒介环境发生巨变时，广告的生存形态将会如何变迁是本研究力图解决的一个重点问题。

(二)从理论和实践两方面探讨数字传播背景下广告的专业化数据库生存这一重要命题

专业化数据库生存是数字传播背景下未来广告生存的一种重要形态，这是张金海教授在提出“专业化数据库将是未来媒介主要的生存形态”的论断基础上对广告生存形态的预测和推断。本研究力图运用达尔文主义范式为这一命题提供具有足够说服力的理论检视。同时，在实践层面，广告数据库如何建立和实施？如何实现广告数据库专业化的核心要求？广告数据库生存将会采取怎样的赢利模式？这些是本研究力图解决的广告数据库生存实际运作层面的主要问题。

(三)探讨数字传播背景下广告产业合理的生存形态和发展路径

广告主、广告公司和媒体是广告产业的主要构成要素，是广告产业价值链各个环节的运作主体。在数字传播背景下，随着广告生存形态的改变，广告主、广告公司和媒体的广告策略都将作出相应调整，导致广告产业价值链的变化，从而推动整个广告产业的重构与升级。因此,数字传播背景下广告生存与发展的研究命题理应包含对广告产业问题的探讨。数字传播背景下,随着整合营销传播的兴起,广告在营销传播各手段中的地位将更加突出,成为整合其他营销传播手段的工具。由此带来广告产业形态的重大改变,即由提供单一广告代理服务的广告产业走向提供广告、公关、促销、营销咨询等服务的多元广告产业。本研究将围绕广告产业的这一重要变化,探讨广告产业合理的生存形态和发展路径。

(四)探讨数字传播背景下广告观念形态的发展趋向

在数字传播时代,数字技术的日新月异让广告有了更多可以借助的媒介形式。现有广告的定义所涵盖的广告表现形式和承载方式已显得过于狭隘,在实际运用中表现出诸多的不适应。许多新的广告形式都难以被纳入传统广告的范畴。当未来广告发展到以专业数据库为主要生存形态,则传统的广告定义完全难以与之相符。广告理论研究需要对广告的界定进行及时更新。因此,本研究力图在解决广告生存形态变迁问题的基础上,对广告重新进行符合其发展实际的界定。同时,由于广告观念形态与广告生存形态存在相互影响的互动关系,数字传播背景下广告的发展亟须广告观念形态也作出适应性的调整。因此,数字传播背景下广告观念形态的发展趋向也是本研究要解决的重要问题之一。

二、理论资源

本研究力图运用丰富的既存理论资源,为数字传播背景下广告的发展问题提供具有足够说服力的理论阐释。撮其要者有:

(一)媒介发展理论

媒介发展理论是传播学研究的重要理论构成，主要探讨媒介发展过程、媒介发展动因、媒介与社会的相互作用和影响等问题。本研究从技术变革与媒介发展的视角选取合适的媒介发展理论，用来分析数字传播背景下媒介形态的变迁和发展前景。其中，媒介社会学路径下的媒介发展研究为我们理解媒介发展提供了更加丰富的视角和理论资源。

(二)达尔文主义(生物进化论)范式

达尔文主义范式为从事人文社科研究的研究者提供了一个崭新的研究视角。它关注的是物种的进化和发展问题，即是什么促成了进化？进化的机制是什么？未来将如何发展？在自然科学和社会科学的既有理论领域中，进化论对发展问题的研究仍处于最前沿。本研究试图运用该理论范式解决数字传播背景下广告生存形态的变迁和发展的问题。

(三)数据库理论

数据库技术从诞生到现在，在不到半个世纪的时间里，形成了坚实的理论基础、成熟的商业产品和广泛的应用领域。数据库理论涉及数据库系统的基本概念、基本理论、应用技术和设计方法。由于学科关系，笔者将不会涉及数据库研究的纯技术领域，而是将注意力集中在数据库的商业运作层面，通过选取具有解释力的相关理论对广告数据库生存的实践展开探讨。

(四)产业形态、产业结构、产业发展理论

产业形态、产业结构、产业发展理论同属产业经济学的理论范畴。产业形态是产业存在发展的外部形式。本研究对数字传播背景下广告产业形态发展的讨论将建立在产业形态构成的基本框架基础之上。产业结构理论主要探讨产业结构调整及演变规律、产业间资源配置与占有关系、结构优化等问题,它将成为探讨广告产业结构的重要理论来源。产业发展理论研究产业发展过程中的发展规律、发展周期、影响因素、产业转移、资源配置、发展政策等问题。本研究在探讨广告产业的转型和升级问题时将对此有所借鉴。

第四节　研究思路与研究方法

一、研究思路和框架

本研究力求遵循历时性和共时性两种逻辑联系厘清研究思路,对数字传播背景下广告的发展问题展开研究。

历时性研究思路的形成,主要是基于这样一个基本命题:广告是动态发展的。广告伴随商品生产和商品交换而诞生,至今已有数千年历史,先后经历了古代、近代和现代三个发展阶段。广告在这漫长的历时性发展过程中,生存形态在不断地发生变化,从最原始的实物展示、口头叫卖到印刷广告,再到广播广告和电视广告等电子广告形态,直至当前发展迅速的网络广告、朋友圈广告等数字广告形态。如果说每一次重大传播技术的诞生都是广告生存形态变化的本质动因,那么,正在经历着日新月异变化发展的数字传播技术将会促使广告的生存形态进一步发生哪些变化呢?因此,本研究将数字传播与广告生存形态的发展变迁确定为第一个核心议题,力图运用达尔文主义范式论证数字传播背景下广告数据库生存的合理性和必然性。

但是,在探讨第一个核心议题之前,本研究将对数字传播与媒介发展进行一番深入分析。这主要是基于对另一个基本命题的考虑,即正是媒介传播技术所引发的媒介形态的变迁,导致广告生存形态的变迁。广告以媒介作为传播载体,其发展总是与媒介的发展紧密相关。广告的动态发展过程,一定是伴随着媒介形态的变迁而发生某种生存形态的转变。数字传播与媒介发展的研究作为前提条件,是本研究必不可少的重要组成部分。随着第一个核心议题研究结论的得出,本书将对"数字传播背景下广告的终极生存形态——专业化数据库生存"这一重要研究结论展开实践层面的论述,凸显本研究的实际运用价值。

按照共时性的发展逻辑,数字传播背景下广告生存形态的变迁,必将导致广告产业形态和观念形态的变迁和发展,这是进行广告学研究不可忽视的重大问题。在同样的数字传播背景下,广告的产业形态随着广告产业主体广告策略的改变将如何实现升级和重构?而广告观念形态又应该如何作出调整以顺应广告发展的大趋势并推动广告行业的大发展?这是遵循共时性发展脉络对广告的发展问题作出的思考。

根据以上研究思路,确定本书的分析框架如图 1-1:

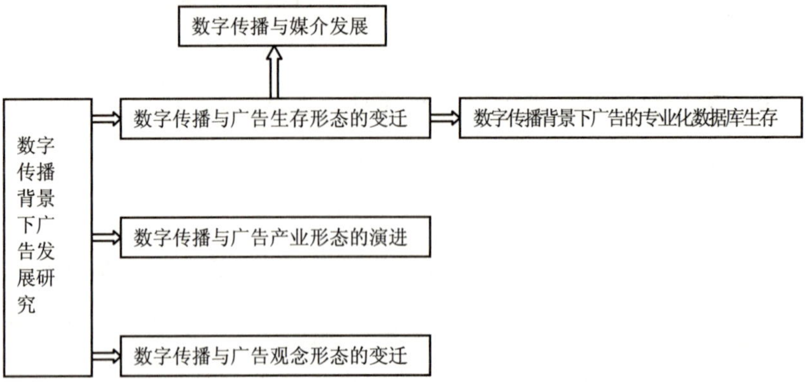

图 1-1　分析框架

二、研究方法

本课题拟采用以下几种研究方法：

（一）文献分析法

本书所涉及的文献，主要依据两条线索：一是关于数字传播与广告发展的已有研究文献，它主要是广告学领域的研究成果，构成了本书开展研究的基础性文献；二是广告生存和发展研究的理论框架性文献，它主要是生物进化论的相关研究文献。这些文献为本研究提供了丰富的理论资源。

（二）历史过程分析法和比较研究法

要探讨数字传播背景下广告的发展问题，不可避免地要对广告已经历的数千年历史进行回顾，对其生存和发展变迁过程进行梳理。因此，本研究采取史学研究的客观态度和方法，坚持用历史过程的观点分析广告生存形态变迁和发展的过程。更为重要的是，纵观历史发展不同阶段，广告生存形态各自独有的特点，对其进行归纳和比较研究，将使本研究对数字传播背景下广告发展的探讨更具深入性和合理性。

（三）规范研究法

规范研究主要依据逻辑的推理，强调概念的统一性和论证的严密性。本研究涉及媒介数字化生存的几个不同阶段的界定，并以此为基础对广告在不同阶段的生存状况作出判断和描述，并对其发展规律和特点进行提炼和概括。这需要对不同阶段媒介数字化发展的概念相当清晰，并对广告的发展进行严密的逻辑推理和论证。

第二章　数字传播与媒介发展

“15世纪40年代初或约在1456年，前一个日期是庆祝印刷文件，后一个日期是庆祝古登堡印刷的《圣经》”①——大众媒介诞生了。它彻底改变了人们的信息传播方式。“这一新技术（印刷术）还促使印刷的传单、招贴标语和商业广告这样一些广告的初级形式的发展。”②印刷术和大众传播媒介的发展直接推动了广告业初期的繁荣发展。而数字技术的出现，是人类传播技术发展史上一次空前的革命，它颠覆了传统信息传播方式，深刻影响着整个人类社会生活的方方面面。依据广告发展所遵循的新传播技术——新媒介形态——新广告形态的发展逻辑，探讨数字传播背景下广告的生存和发展，需要我们从数字传播与媒介发展的逻辑关系入手，以把握数字传播背景下媒介的演进发展过程作为重要的立论前提。这正是本章要解决的主要问题。

① 施拉姆，波特.传播学概论[M].陈亮，等，译.北京：新华出版社，1984：14.

② 西沃卡.肥皂剧、性、香烟：美国广告200年经典范例[M].周向民，田力男，译.北京：光明日报出版社，1999：12.

第一节 技术变革与媒介发展

技术,是一个重要的哲学命题。在人类的历史长河中,人们对技术的认识随着实践的发展而发展,经历了从漠视到正视,并纳入哲学范畴的发展过程。

关于技术与社会发展的讨论,学者们大体持有两种不同的观点。

其一,技术是推动社会发展的"外生动力"。这种观点认为技术具有中立的意识形态,将技术逻辑看成存在于自然环境中、独立于人类社会以外的规定力量。马克斯·韦伯、马尔库塞是这一观点的代表人物。如韦伯认为:科学技术具有独立的品格和意志。人类在从事社会实践的时候,使用技术工具受到技术意识形态的影响,从而被迫按照科学技术的意志进行重构。

其二,技术是推动社会发展的"内生动力"。这种观点将技术看作人类从事社会实践的产物。如马克思认为:由于科学技术作为人类手中的工具在社会实践中发挥作用,人类的意识形态和社会属性就扩散至工具层面,因此科学技术具有人的社会属性。

西方经济学理论中的技术观也经历了几个不同的发展阶段:亚当·斯密最早提出技术进步会对经济增长产生作用,但观点并不清晰;熊彼特提出技术创新的概念,强调技术作为外生经济变量对经济增长的巨大推动作用;新古典经济增长理论中,技术决定论者强调技术进步是经济增长的主要根源,美国经济学家罗默则把经济增长建立在内在技术进步上,认为经济长期增长的驱动力在于内生化的技术知识或人力资本存量的积累；新制度经济学者诺斯则首次在经济增长分析中引入制度变量，认为制度安排决定着技术进步的水平，进而体现在经济增长上。

数字技术究竟会使媒介发展到何种境地？要确保此番预测性探讨的学术规范性和科学合理性，全面把握媒介发展理论，并从技术变革与媒介发展视角选取具有解释力的理论是必要前提。唯有如此，我们才能对数字传播背景下的媒介发展景观作出准确的判断和描述。

一、媒介发展理论：技术变革与媒介发展视角

媒介自诞生之日起，在人类实践的历史长河中已取得了巨大的发展。其中，三个划时代产物——印刷媒介、电子媒介、数字媒介的出现，在媒介发展史上留下了深刻印记。我们只要在这三种媒介形态的字眼上多做停留，就会发现人类历史上三次重大的传播技术革命——印刷技术、电子技术和数字技术之于媒介发展的重大意义。从实践可知，技术变革与媒介发展关系密切。然而，若提升至理论高度，技术变革与媒介发展的关系究竟该怎样理解？技术变革究竟在多大程度上决定着媒介发展？媒介发展的动因仅仅是技术变革还是另有其他因素？以下的理论梳理，将重点解决这些疑问。

（一）媒介技术决定论

上文提到的持有“技术是推动社会发展的外生动力”观点的学者，较容易成为技术决定论者。在媒介研究领域，持“技术决定论”

观点的首推多伦多学派的英尼斯和麦克卢汉。他们的媒介技术决定论主张从媒介技术的角度考察媒介对人和社会历史的影响，认为媒介技术的变迁导致了社会文明的发展。

加拿大学者英尼斯的媒介理论具有开创性。他将媒介技术与人类文明发展联系起来，认为一种新媒介的产生将会导致一种新文明的产生。在《传播的偏向》一书中，他把历史上的传播媒介分为偏倚空间的质重的媒介和偏倚时间的质轻的媒介。前者如碑石、雕刻、建筑、铸器等，适应于等级森严的王朝对于有限区域的强制统治。后者如人造纸张、天然草纸等，便于书写、批量制造、携带和传播，适应于文化的扩张和传播，便于建构一个版图辽阔并有统一宗教道德信仰的帝国。[①]英尼斯认为，文明的兴起或衰落和占支配地位的传播媒介息息相关。传播媒介的优势造成新的权力统治形式，导致新文明的出现。一切文明都依靠对空间领域和时间跨度的控制而存在。

英尼斯的学生麦克卢汉进一步发展了英尼斯的媒介理论，提出“媒介即讯息”“媒介是人体的延伸”等观点。在麦克卢汉看来，媒介的形态本身比其传递的内容更重要。一种新媒介的问世，不管其传递什么内容，媒介本身就会引发社会的某些变化。“媒介即讯息”的观点强调了媒介对于人类社会发展最重要的意义并不在于传播的内容，而在于将内容传播出去的媒介形式。另外，麦克卢汉还研究了通过不同的传播工具体验世界的过程。他认为，每一种新媒介都超出了早期媒介所能触及的经验范围。所有的媒介都是人体的延伸，因此也是我们感觉的延伸。他把焦点放在“我们如

---

① H.A. INNIS. The Bias of Communication[M]. Toronto: University of Toronto Press, 1951.

何体验世界”上，而不是我们体验了什么。麦克卢汉的这些观点仍然体现出强烈的媒介技术决定论色彩，他认为由媒介技术决定的媒介形态是人类社会发展的唯一动因。

将自己视为“温和的科技决定论者”的美国传播学者罗杰斯也认为媒介技术在社会变迁中起着关键作用。在他看来，书写的发明、15 世纪印刷术的发明、19 世纪中叶开始的电讯传播以及 1946 年因大型计算机的发明而开启的互动传播时代，是人类社会重要的转折点。新技术的“互动性”“个人化程度以及小众化本质”及“不受时间限制的异步性”将给社会传播体系以革命性的影响。①

的确，人类社会每一次媒介技术的变革都对媒介发展产生了划时代的影响，社会文明的发展也相应地一步步向前迈进。然而，社会是一个结构繁杂的庞大系统，其发展会受到来自各个结构系统的多方面的影响。若仅仅将媒介技术作为推动社会发展的唯一动因，未免显得有些极端和片面。对此，媒介社会学路径下的媒介发展研究给出了不同答案。

（二）媒介社会学路径下的媒介发展研究

从历史和社会层面展开的媒介研究，为我们理解数字传播背景下的媒介发展提供了更加丰富的视角和理论资源，其中也不乏对数字媒介未来图景的暗示性描述，值得我们关注。

其一，一种新的媒介技术的兴起到依托此技术的媒介形态最终形成并真正融入人类社会，往往需要一段漫长的历史过程。例如，1450 年德国人古登堡发明铅合金活字印刷术并运用于实践，

① 麦奎尔.麦奎尔大众传播理论[M].北京：清华大学出版社，2006：104.

但报纸、书籍等印刷媒介是在经历了整个 18 世纪后才真正被普遍接受的。1895 年无线电技术已经形成体系化的研究格局，但在其最终定形于广播这一媒介形态前，曾在很长一段时间内被世界各地的无线电业余爱好者看作实现全球范围内双向沟通的媒介。电视作为最受青睐的大众媒介走入千家万户也足足历经了一个世纪的漫长等待。由此看来，目前的数字媒介形态并不能看成是媒介发展的最终成果，依托数字技术的媒介形态的最终确立尚需时日。

其二，媒介形态的发展之所以要经历漫长的历史过程才能最终确立，说明除去媒介技术的促进作用之外，还有其他社会因素发挥作用，是多种因素作用于媒介的博弈结果。罗杰·菲德勒认为，“媒介形态变化不是一个简单的概念”；“传播媒介的形态变化，通常是由于可感知的需要、竞争和政治压力，以及社会和技术革新的复杂相互作用引起的。”[①]丹尼斯·麦奎尔认为，媒介发展是政治、经济和技术这三种力量共同作用的结果。也有学者认为，媒介发展受到技术与制度双重逻辑的制约。“如果说技术逻辑源于技术形式特有的规定性，那么制度逻辑则充分体现着人类作为技术的开发者和使用者对工具的支配态度。”[②]以诺斯为代表的新制度经济学家认为制度创新决定技术创新。好的制度选择能够为技术创新提供好的环境，促进技术创新。反之，则扼制技术创新。例如，电报在晚清时期刚从西方传入中国时被认为“惊民扰众、变乱风俗”。当外国人在中国经商、谈判各种事务中使用电报传递信息

① 菲德勒.媒介形态变化：认识新媒介[M].明安香，译.北京：华夏出版社，2000：19.

② 于小川.技术逻辑与制度逻辑——数字技术与媒介产业发展[J].武汉大学学报(哲学与社会科学版)，2007，60(6)：871-874.

时,中国却依然不许架设电报线,仍靠马匹驿道传递信息。直到1874年日本侵略台湾,率兵援台的钦差大臣看到外商能越洋架线,信息往来无阻,而台湾却深陷困境,便上奏朝廷提出架设福州陆路到厦门、厦门海路到台湾的电线。从此中国才引入了电报这一媒介新技术。① 此例充分证明制度环境对于技术使用和媒介发展的重要意义。因此,在探讨数字传播与媒介发展的话题时,应将制度逻辑作为一个关键变量来考量。

其三,新媒介发展与旧媒介形态息息相关。在旧有的媒介中潜藏着能够决定新媒介发展道路的因素,在此基础上新媒介又逐渐发展出自己的独有形态。人们对新媒介的认知也源于旧媒介中的这些潜藏因素。② 正如媒介形态理论的代表学者杰克·富勒所言:"每一种媒介都有自身的优势与劣势,它也会将这些强加在所携带的讯息上。新媒介通常并不会消灭旧媒介,它们只是将旧媒介推到它们具有相对优势的领域。"③保罗·利文森的"窗户理论"指出:媒介形态的变化是"补救性媒介进化"的结果,即每一次媒介形态的改变都是修正前一次媒介形态的缺陷。④ 在电视刚刚出现的时候,人们将电视看作"有画面的广播",电视弥补了广播只有声音没有图像的形态缺陷。而广播最初被认为是"像电话一样的东西",之后受到电影、音乐、话剧等媒介形式的影响,逐渐发展成为拥有独特个性的媒介形态样式。如此看来,数字媒介在其发展过

---

① 潘祥辉.媒介演化论[M].北京:中国传媒大学出版社,2009:270-271.

② 于小川.技术逻辑与制度逻辑——数字技术背景下中国传媒产业发展研究[D].武汉:武汉大学,2008.

③ 富勒.信息时代的新闻价值观[M].陈莉萍,译.北京:新华出版社,1999:244.

④ 利文森.软边缘:信息革命历史与未来[M].熊澄宇,等,译.北京:清华大学出版社,2002:113.

程中，短期内仍将受到旧有媒介形态的影响，并在此影响下逐渐凸显发展方向，最终确立独立的数字媒介形态。

二、三次重大传播技术革命与媒介发展

从上文对媒介发展理论的阐释可以看出，尽管由于将媒介技术与人类文明发展联系起来，使媒介技术决定论具有一定的开创性和合理性，但这一理论终归是极端和片面的。媒介社会学路径下的媒介研究将媒介发展置于历史纵向面和社会结构横向面的坐标系进行综合考察，从多维视角审视媒介发展的动因和过程，更加科学合理。在此，我们将进一步利用这些媒介发展理论来检视历史上三次重大媒介技术变革背景下的媒介发展状况，为媒介形态演进的探讨积累更多来自历史实践的参照。

（一）印刷技术与报纸媒介的发展

印刷技术的发展历程通常被划分为："铅与火"的模拟时代和"光与电"的模拟与数字并存时代[①]。

1."铅与火"的模拟时代报纸媒介的发展

"铅与火"的模拟时代的主要特征是铅字排版、铅字印刷。用铅铸字离不开高温，铅字排版后到上铅印机印刷也离不开高温，于是"铅与火"密不可分。这一时代的开端要追溯到 11 世纪我国北宋毕昇发明的活字印刷术，它比 1450 年德国人古登堡发明铅合金活

---

① 谢征，胡媛媛.从铅火时代到赛博空间——试谈我国报纸出版印刷技术的发展[J].中国传媒科技，2004(7):40-41.

字印刷术早了400年。但正是随着古登堡的活字印刷术的普及，报纸逐渐完成从初始形态到现代报纸形态的转型，成为第一个真正意义上的大众媒介，其形态演变简要概括如下：

15世纪下半叶，印刷的新闻传单开始流行；

16世纪后，出现印刷的小册子和新闻书（信息容量更大，趋于定期发行）。

17世纪初，定期报刊开始兴起。

1640—1688年英国资产阶级革命期间，报刊逐渐从初始形态向现代形态过渡。

1665年创刊的《牛津公报》是历史上第一张真正的现代形态报纸。

社论、特稿、标题、插图、广告等是现代报刊必备的要素。这些要素的出现首先需要印刷技术的支持，但却无法脱离当时社会环境的需要。英国革命战争极大促进了人们对各种信息的需求，这是现代形态报纸首先在英国出现的一个重要原因。而最早在中国诞生的活字印刷术却并未给中国社会带来印刷品数量的猛增，也没有成为报纸等近代文明利器成长的沃土，其中的原因值得深思。

当然，现代报纸体系的形成与随后各种印刷技术的创新密不可分。某种程度上来讲，19世纪的报业史是新技术不断发明和应用的历史。其中包括40年代的圆筒印刷机、80年代的纸浆造纸机、90年代的自动排字机以及半色印刷机等。1868年《泰晤士报》开始使用卷筒纸的轮转印刷机，1885年又安装上自动折叠装置，1小时内可自动印刷2.5万份报纸。总体来说，这些印刷技术主要从产量、质量等方面改变着报纸生存的形态。

2."光与电"的模拟与数字并存时代

随着电子技术和以计算机为代表的数字技术开始在印刷中得到应用,印刷技术进入了以电子分色和(计算机辅助的)照排技术为代表的"光与电"时代。20 世纪 60 年代初,美国最早开始在报纸印刷中使用照相排版和胶版印刷。在此过程中,排版和印刷的技术发展逐渐分离,其间还出现过有报社使用照相排版的同时坚持使用铅版印刷的情况。20 世纪 70 年代,计算机技术开始被运用于报纸的排版和编辑中。

时至今日,电脑和互联网搭建起"光电"时代报纸编辑印刷的空间架构。在远程传版技术的帮助下,报纸新闻的整个生产、管理流程实现全面数字化,21 世纪 90 年代中期计算机直接制版技术(CTP)也在报纸的印刷环节被越来越多的报社使用。① 当前,印刷技术的发展已进入一场更加全面和彻底的技术革命——即以"0"和"1"为基本单位的数字时代。从目前实际情况来看,数字印刷技术已经对报纸的生产形态产生了显著影响。例如报纸的 PDF 版在互联网上的呈现、通过阅读器浏览数字报纸等。但数字时代的报纸最终将以怎样的形态生存,这将是我们下节所要探讨的内容。

(二)电波技术与广电媒介的发展

电波技术的起源可以追溯到 19 世纪 30 年代。

1831 年,英国科学家法拉第发现电磁感应现象,并确定了电磁感应规律。

① 于小川.技术逻辑与制度逻辑——数字技术背景下中国传媒产业发展研究[D].武汉:武汉大学,2008:30.

1865年，英国物理学家麦克斯韦提出电磁波理论，预言了电磁波的存在。

1888年，德国物理学家亨利希·赫兹首次发现电磁波（无线电波），并实验论证了电磁波的存在。

真正将无线电通讯技术带入实际运用阶段的是俄国物理学家波波夫和意大利科学家马可尼。其最早的运用成果并非广播这种媒介形态，而是电报。

1894年，波波夫研制出无线电报机。1896年3月24日，成功拍发人类第一份无线电报。

1895年，马可尼在家中成功完成电磁波传递信号的实验。1901年12月，马可尼完成了人类历史上第一次飞越大西洋的远距离无线电通信，并将无线电通讯技术运用于航海等方面。

当无线电技术被广泛用于通信联络时，科学家们利用无线电技术传播人的语音的试验在欧美取得成功。广播成为继电报之后又一个利用无线电技术的大众媒介形态。

1906年圣诞之夜，费森登通过无线电报装置进行人类有史以来的第一次语言广播。

1907年，美国人福斯特发明三极真空管，使电波的大功率发射与高灵敏度的接收成为可能。

1920年11月2日，世界第一家广播电台KDKA在美国匹兹堡正式开播。

广播技术发展初期使用的是调幅广播（AM）。1933年，美国科学家阿姆斯特朗研究的调频广播（FM）达到实际应用水平。1940年，美国政府开始准许设立调频广播电台。20世纪50年代中后期，调频广播在美国及其他国家得到陆续推广；60年代以来，广播的技术手段迅速发展，调幅广播、调频广播、立体声广播并存；70 年代，调频广播电台广泛兴起；80 年代，卫星传送技术逐步得到推广；90 年代以后，数字音频广播（DAB，即 Digital Audio Broadcasting）开始勃兴，堪称广播技术上的第三座里程碑。数字广播技术能对数字传送、发射、接收过程中各种干扰引起的误码进行自我纠错，保证节目制作、发射、接收全过程都达到高质量，极大提高了广播系统的整体技术性能。1995 年 9 月 27 日，英国广播公司首先进行了数字音频广播。1996 年 12 月 16 日，中国数字音频广播在广东佛山广播电视中心试播。

电视是晚于广播出现的利用电信号同步传送语音和画面的媒介形态。电子技术的不断发展推动着电视媒介形态的变化，历经黑白电视——彩色电视——有线电视——卫星电视几个重要发展阶段。

1904 年，英国人贝尔威尔和德国人柯隆发明了一次电传一张照片的电视技术，制作出了第一台电视传播和接收设备，电视得以真正诞生。

1925 年，英国科学家“电视之父”贝尔德通过他所制造的一台机器成功传送了人的面部活动。但当时的机械电视设备笨重、噪音大且难于操作。

1929 年 7 月，美国科学家菲洛·法恩斯沃斯研制出第一个全电动电视系统。

1946 年，美国第一次播出全电子扫描电视。从此，电视由机械扫描时代进入电子扫描时代。电子扫描比光电机械扫描快得多，而且可以做到扫描的行多、点多，将图像分解得颗粒更细，产生更加清晰稳定的图像。

彩色电视的发展同样离不开电子技术的科研突破。1902 年，澳大利亚物理学家芬·伯兰克提出彩色图像传送三基色原理。1938 年，德国人弗莱彻西格提出三枪三束彩色显像管设想。之后，随着美国、日本等国对彩色显像管技术的不断改进，彩色电视的发展日趋成熟。

有线电视(CATV)是通过电缆或光缆组成的传输分配线路，将电视节目直接传送给用户接收机的一种区域性电视传播方式。与无线电视相比，它不受外界天线干扰、工业干扰和其他无线电信号干扰，传输节目的容量更大，传播效果更加清晰。20 世纪 70 年代，性能比电缆更加优良的光缆的问世直接促成了有线电视的迅速发展。

自 1957 年苏联发射第一颗人造地球卫星，美、英、法、日等科技大国迅速开始了卫星传播技术的研发工作。随着通讯卫星技术的发展和成熟，电视的发展进入了又一个新的时代。1965 年 4 月 6 日，国际通讯卫星组织的第一颗商业通信卫星“国际电讯卫星 1 号”(又名“晨鸟”)升空，标志着世界正式进入了卫星通信时代，电视节目国际传送和转播成为现实。

(三)数字技术与数字媒介的发展

1946 年，人类科学技术史上具有深远意义的一个新起点诞生。世界上第一台真正意义上的通用电子计算机问世，它标志着人类开始迈入数字技术时代。数字技术是一项与电子计算机相伴相生的科学技术，它是指借助一定的设备将各种信息包括图、文、声、像等，转化为电子计算机能识别的二进制数字“0”和“1”后进行运算、加工、存储、传送、传播、还原的技术。由于在运算、存储等环节中要借助计算机对信息进行编码、压缩、解码，因此也被称为数码技术、计算机技术等。数字技术的应用领域非常广泛，许多传统上使用模拟技术的领域都转而使用数字技术，进行数字化的转型。例如，数字技术的应用使电子计算机从模拟计算机升级为数字计算机，通信领域的数字技术使通信技术逐步转为利用数字信号的数字通信，而网络技术在数字技术、计算机技术和通信技术发展的基础上得到快速发展。同样，数字技术的产生、应用以及迅速发展给新闻传播领域也带来了一场巨变。

一方面，传统新闻媒介步入数字化发展进程，进行着全方位的数字化转型。报纸媒介领域，数码相机、数字录音笔、网络采访等数字采集方式成为新闻采集的重要方式，数字排版、数字制版和数字印刷广泛应用于报纸的印制流程。电子媒介领域，数字摄像机、卫星数字摄影等数字采摄方式成为主流，虚拟演播室、虚拟录音棚、非线性编辑系统等数字技术的应用极大提高了节目制作的效率和质量，数字压缩技术、数字传输系统、数字播控系统等技术为节目播出的大容量、准确性、实时性和高质量提供了保障。

另一方面，依托数字技术而诞生的数字媒介层出不穷。如前文的界定，数字媒介是利用数字电视技术、网络技术、多媒体技术、通信技术，通过互联网、宽带局域网、无线通信网和卫星等渠道，以电视、电脑和手机为终端，向用户提供视频、音频、语音数据服务、连线游戏、远程教育等集成信息和娱乐服务的一种传播形式。网络和手机是最早且最典型的数字媒介形式。随着数字技术的发展，网络和手机又成为更多新数字媒介诞生的平台。例如，传统大众媒介在数字化转型的过程中利用网络和手机，诞生了网络报纸、手机报纸、IPTV 等媒介形态；以网络为平台诞生的网络电视以及博客、播客、微信等个人媒介也成为深受网民喜爱的媒介传播形态；还有楼宇液晶电视、移动车载电视、卖场视频等覆盖细分受众的数字媒介成为备受广告主青睐的理想广告媒介。

依靠数字技术，无论是语音、文本、数据形式的信息，还是图像或活动影像形式的信息，都可以变成由“0”和“1”组成的数字信息。数字媒介的融合发展成为必然趋势。例如，目前通过手机，我们可以语音通话、视频聊天、发短信、看报纸、看电视、听广播、拍照、录像、发邮件、刷朋友圈、GPS卫星定位等。这些以前要利用多种媒介载体才能分别完成的活动，现在只要通过一部手机就通通能够实现。

数字技术为数字媒介的发展提供了无限的可能性。媒介形态还将在现实的演进中不断改变。这将是以下篇幅要探讨的主要问题。

第二节　数字传播背景下媒介形态的演进

技术变革与媒介发展存在必然逻辑，这是探讨数字传播背景下媒介形态演进的前提。数字传播技术的变革，必然导致媒介形态的改变。但任何事物的发展都不是一蹴而就的，而是要经历一个漫长的循序渐进的演变过程。媒介形态的发展亦是如此。本节将对数字传播背景下媒介形态的演进进行讨论，将演进过程划分为传统大众媒介的数字化转型、媒介形态融合以及媒介最终的数据库生存三个阶段。

一、传统大众媒介的数字化转型

1969年，互联网的雏形——阿帕网(ARPANET)在美国诞生。它是由美国国防部组建的计算机网络。作为一次数字技术革新，互联网的影响力逐渐波及全世界，涉及经济、政治、文化、社会等各个层面。而作为最早依托数字技术诞生的新媒介——互联网已表现出超强的社会适应能力，迅速发展壮大。

互联网的发展对传统大众媒介产生了强烈冲击。互联网迅速增加的受众群体不断分流纸媒和广播电视的受众，其逐年递增的广告经营收入分割了传统大众媒介的经营利润。根据中国互联网络信息中心(CNNIC)2017年1月发布的《第39次中国互联网络发展状况统计报告》，截至2016年12月，中国网民规模达到7.31亿，手机网民达6.95亿。2016年我国网络广告市场规模达到2,902.7亿元，预计2018年网络广告的市场规模将超过6,000亿元。[①] 近些年，传统媒体如广播、电视、报纸、杂志广告市场规模全部萎缩，互联网成为广告收入唯一增长的媒体。更多伴随互联网技术而诞生的新兴媒介，因其海量、分众、互动和多媒体的传播特点吸引着越来越多的受众，蚕食着传统媒介市场。面临新兴媒介的巨大挑战，传统大众媒介必须走变法图强之路，否则将会在生存困境中坐以待毙。而在以数字传播技术为主导的时代背景下，所谓的变法图强之路，即传统大众媒介寻求数字化生存和转型。正如美国未来学家尼古拉·尼葛洛庞蒂指出：“一个个产业揽镜自问‘我在数字

① 搜狐财经[EB/OL].(2017-5-30)[2017-6-15].http://mt.sohu.com/business/d20170530/144652504_721863.shtml.

化世界中有什么前途'时，其实，它们的前途百分百要看它们的产品和服务能不能转化为数字形式。”[①]

在此，我将选取报纸和电视作为传统大众媒介的代表，分析其数字化转型的路径，并对其转型过程中生存形态的演进加以观照。无论是报纸还是电视，其数字化转型首先都是从传统的信息生产方式的技术改造开始的，包括信息采集、编辑、制作和传播各个环节从模拟技术到数字技术的转型。这在上节的内容中已经提及，在此不再赘述。这里将主要分析两种传统媒介通过对新媒介的利用实现数字化转型的路径选择。

(一)报纸的数字化转型和生存形态演进

1.报纸的网络化生存——报纸的网络版和报媒网站

报纸的网络化生存就是传统的报纸媒体利用网络的优势寻求数字化生存和转型。学界多用“报网互动”一词进行概括。“传统媒介走向新一代媒介样式的关键就是要建立起新技术与传统媒介价值要素之间的对接环节，而报网互动无疑是这种对接的实践模式。”[②]1987 年，美国的《圣何塞信使报》首先将报纸内容搬上互联网，拉开了报纸网络化生存和发展的序幕。

概括说来，报纸网络化生存的主要方式有：其一，报纸利用其品牌打造特色化的网站，并在网站上发布报纸的网络版(电子版)，即常说的网络报纸。如《人民日报》利用其权威性打造以权威新闻为特色的人民网，《经济观察报》利用其财经新闻特色打造专业财

---

① 尼葛洛庞蒂.数字化生存[M].胡咏，等，译.海口：海南出版社，1997：36.

② 喻国明.报网互动：从传统报业向数字报业的转型——当前中国传媒产业面临的三种转型(下)[J].中国传媒科技，2007(4)：48-51.

经新闻网站——经济观察网。受众通过访问网站能够看到当天报纸的网络版。其二，依托报媒建立综合信息服务性网站。例如，1999 年 12 月《广州日报》全资主办的大洋网（www.dayoo.com）正式上线，这是在《广州日报》网络版的基础上创建的综合信息服务平台。其三，报纸与网站合作，利用网络优势对报纸内容进行二次传播，最大程度弥补报纸受时空限制的不足。例如，《重庆商报》与腾讯合资共建大渝网，湖北日报传媒集团与腾讯合资共建的大楚网于 2008 年 7 月正式上线。

2.数字报纸

当报纸的网络版大多停留于依托原有纸媒的内容和形式的状态时，报纸对网络媒体优势的利用并不能充分得以体现，报纸的数字化转型似乎也只是流于表面。直到数字报纸的创建，才让受众真正体会到插上数字技术翅膀的报纸的多样形态。数字报纸是通过多媒体数字技术将信息转换成各种数字终端可以阅读使用的格式，并保留传统纸质报媒版式和样式的一种新兴数字媒体。[①] 数字报纸既保留了传统报纸的风格样式，又整合了视频、音频、动画等全新内容，声像并茂，带给读者全新的阅读体验。2006 年 2 月，《浙江日报》与方正公司合作，推出全球第一份中文数字报纸。同年 8 月，我国第一份多媒体数字报纸《宁波播报》问世。

3.手机报纸

手机报纸是由报纸、移动通信商和网络运营商依托手机媒介联手搭建的信息传播平台，将传统报纸当天的新闻内容通过无线

① 苟凯.解开数字报发展的谜题 现代报业数字化战略背景下的数字报纸发展探索[J].中国传媒科技，2008(7)：44-48.

技术平台发送到手机上，主要以短信、彩信、WAP、IVR 等方式呈现给用户。它是最新电信增值业务与传统报纸媒体相结合的产物，已经成为传统报纸继创办网络版、兴办网站、创建数字报纸之后数字化转型的又一重要举措。当前，随着手机网民数量的大幅增加，报纸专门为手机移动客户端打造的微信公众号和 App 也日益完善和普及，成为受众获取传统报纸媒体信息的另一条便捷途径。

4.电子报纸

电子报纸是利用数字技术将报纸内容转换成各种电子阅读终端能够识别的格式，并通过电子阅读终端进行阅读的报纸形式。这里的电子阅读终端专指为浏览报纸而设计的手持便携式设备，不包括电脑和手机。电子报纸的无纸特点能进一步发挥传统报纸的便携优势，并且受众能够不受时空限制随时下载阅读，大屏幕和为报纸阅读进行的专门设计会令受众拥有更好的阅读感受。据估算，电子报纸可使报业减少占报纸费用 75% 左右的制作和投递费用。

2002 年 11 月，名为“肯特格式数字新闻书”的便携式电子阅读装置研究成功。2006 年 4 月，《比利时时报》在全球首次推出无纸化电子报纸。2006 年 10 月，宁波日报报业集团和烟台日报传媒集团相继推出电子报纸。该电子报纸的电子装置是由荷兰 iRex 公司研发的 A5 纸大小的、可随身携带的电子纸阅读器。该阅读器发布的内容完全不会改变传统报纸的版面形态，受众可以感受和纸质报纸相同的阅读体验。

以上几种新的报纸生存形态，都是传统报纸在数字化转型的过程中应运而生的，是传统报纸为适应数字化的生存环境进行自身调整的产物，且这种调整仍在继续进行。新的报纸生存形态仍在不断出现。例如，大连的《北方体育报》推出电视版，在大连数字电视教育频道播出，是我国专业报纸第一次进行电视版尝试；天津日报报业集团启动卫星报纸的合作计划，通过卫星传送《天津日报》，39个国家和地区的读者可以买到当天出版的《天津日报》，成为我国首家卫星报纸。这些都是报纸数字化转型过程中的探索和尝试。

（二）电视的数字化转型和生存形态演进

1.传统电视技术的数字化转型——数字电视

在数字技术背景下，传统模拟电视进行技术数字化转型的首要任务是发展数字电视。数字电视是通过有线电视网，从演播室到发射、传输、接收的所有环节都使用数字电视技术进行电视节目播出的电视类型。模拟电视导致频道资源稀缺，而数字传输消除了稀缺。“这是数字技术带给电视的第一个也是最为深远的影响，它从本质上改变了模拟信号通过光缆或电波传输图像的方式。”①

数字电视包括卫星数字电视、有线数字电视和地面数字电视。目前我国推行的主要是有线数字电视。我国将于2020年停止所有广电节目的地面模拟信号播出。就具体实施而言，数字电视的转型首先从台内制播系统的数字化改造开始，包括电视台前端的数字化和电视台内部的节目源数字化，在电视台内部打破传统的以栏目、节目、频道为分割方式，信息不能共享的格局。例如，中央电

① 格里菲思.数字电视战略——商业挑战与机遇[M].罗伟兰，译.北京：中国传媒大学出版社，2006：7.

视台新闻制播系统数字化改造工程于2000年开始，八年后奥运会举办时，终于实现以全程高清数字信号进行节目制播。然后在此基础上推进电视节目播出平台的整体数字化平移，关闭模拟电视，实现前端到终端整个系统由模拟向数字的转换。

从2000年开始，我国电视播出平台由模拟信号向数字信号的整体转换以城市为单位逐步推进。起初几年，数字电视的推进主要以数字机顶盒的销售为目标，但效果并不明显。2005年后，由于手机电视、IPTV和移动传媒等一系列技术标准相继出台，使得电视基于这些新传播平台的数字化转换得到较大发展。而国际上较成熟的数字电视发展方式主要是有线数字电视、地面数字信号广播和基于宽带网络的数字电视服务。

2.三网合一(有线电视网、电信网、互联网)的电视——IPTV

IPTV(Internet Protocol Television)是利用宽带有线电视网的基础设施，以家用电视机或电脑作为主要接收终端，通过互联网络协议来提供包括电视节目在内的多种数字媒体服务。

尽管数字电视相对于模拟电视有许多技术革新，但实质性的改变主要涉及的是信号形式，并没有改变传统电视频分制、定时、单向传播的特点。不同于数字电视，IPTV的最大特点就是交互性和实时性。在IPTV网络上可以提供数字电视节目，然而让它真正区别于数字电视的却是其提供的各种交互式业务。国外电信运营商在发展IPTV的初期大多将视频点播(VOD)和直播电视作为主要业务内容。用户可自由选择宽带IP网络上提供的视频节目，对正在观看的直播电视节目可随时暂停、回放或进行定时录制。IPTV能根据用户的选择配置多种多媒体服务，包括数字电视节目、可视 IP 电话、DVD/VCD 播放、互联网浏览、电子邮件以及多种在线信息咨询、娱乐、教育及商务功能。目前我国电信部门主要提供三类 IPTV 业务：电视类业务、通信类业务和各种增值业务。

IPTV 在全球众多地区已取得相当大的发展。但是在我国，作为 IPTV 产业最主要的驱动力——电信运营商，由于受到政策制约、技术落后、内容匮乏以及资金短缺等多方因素的限制，导致 IPTV 还停留在市场宣传和培育阶段。除了唯一拥有 IPTV 牌照的上海文广进行过几次不太成功的尝试，其余仅是一些小型的、局部的试点。但是，IPTV 的技术优势、宽带用户的持续增加、庞大电视受众群体的存在以及政策调整等因素的推动，使我们有理由相信 IPTV 的巨大发展潜力。

3.电视终端的数字化转型——手持电视

电视终端的数字化转型，直接催生了手持电视这一新兴的电视生存形态。手持电视是我国自主研发的，以移动多媒体广播电视技术为依托，以 7 英寸以下小屏幕数码产品为载体的移动电视。在手持电视中，与通信商合作的手机类终端产品就是我们熟知的“手机电视”，而其他的非通信类终端产品则包括 GPS 手持电视、MP4 手持电视等。

健康的产业链和国家政策的有力支持，使手持电视在新媒体中脱颖而出。传统电视生产企业也敏锐预见到手持电视将打开电视终端产业的新领域。不仅创维、海信、康佳、TCL 等本土电视机生产企业，三星、LG 等国外知名品牌也加入手持电视终端生产方阵。此外，国内生产手机、GPS、MP4 等小终端产品的企业几乎都涉足手持电视的研发和生产。手持电视运营商中广传播公司已在全国220多个地级市开通手持电视信号，在29个省（自治区、直辖市）完成了CMMB（中国移动多媒体广播）业务运营支撑系统的建设，28个省（自治区、直辖市）完成了CMMB运营签约，全国性的网络建设、运营和服务体系已经建立。也就是说，使用手持电视的用户不仅可以在本地收看电视节目，还可以在全国主要城市漫游收看，并享受统一的客户服务。[①]

随着电视数字化转型的进一步推进，收看电视的方式将越来越多样化，电视的生存形态绝不会停留于数字电视、IPTV、手持电视等样式。但毫无疑问，它们的生存和发展是数字技术和制度安排双重作用的结果。

二、媒介形态融合趋向

传统媒介的数字化转型是媒介在数字传播环境下进行的初步适应性调整。伴随着传统媒介的数字化转型，很多新的媒介形态应运而生。尽管这些新兴媒介的形态各异，但都具有一个共同特点——依托数字技术和网络技术而生的数字媒介。当前，它们已呈现出相互交叉和融合的发展趋向，极大程度上改变着以往不同类型媒介各自独立发展的生存状态。当我们使用手机、电视、电脑等数字媒介终端接收信息时，已经很难分清这些信息原本的媒介载体形态究竟是报纸、广播还是电视。由此，媒介生存形态的演进进入大融合发展阶段。

在学术界，媒介融合早已是媒介发展研究的重要议题。尽管

① 新浪科技.知名家电巨头竞相进军手持电视市场[EB/OL].(2009-12-17)[2016-5-17].http://tech.sina.com.cn/t/2009－12－17/14413686905.shtml.

媒介融合的含义可以从媒介的技术、生产、经营和管理等各个不同角度进行侧重点不同的理解，但是对于媒介接收终端的受众来说，媒介形态融合带来最直接的媒介参与体验。正如王菲给出的媒介融合的定义："媒介融合是在数字技术和网络技术的背景下，以信息消费终端的需求为指向，由内容融合、网络融合和终端融合所构成的媒介形态的演化过程。"[①]它侧重强调的正是媒介融合是基于数字化进程而产生的媒介形态的演变。

数字技术为媒介形态的融合提供了可能性。作为一种信息技术，它提供了一种数字媒介都能识别的共同语言——比特。"伴随着数字化，所有的媒体都可以通过字节互相转化，这使得它们摆脱了自身传统传送方式的限制。"[②]以数字技术的运用为基础，媒介生存形态的大融合主要体现在媒介内容制作的融合与媒介内容传播渠道的融合。

其一，媒介内容制作的融合。

媒介内容制作的融合首先体现在内容采集手段的数字化融合。在传统媒介数字化转型之前，报社记者使用照相机，电台记者使用录音机，电视记者使用摄像机。三种媒介信息采集工具的工作原理差异很大，采集的新闻素材只适合在各自媒体传播，信息的共享难以实现。而通过运用数字技术加以改造，不同类型媒介的记者使用的数码采集设备采用相同的技术标准，存储介质也得到统一。这样，不同媒介生产的信息产品可以共享，媒介形态在内容生产环节实现融合。

① 王菲.媒介大融合：数字新媒体时代下的媒介融合论[M].广州：南方日报出版社，2007：21.

② 帕夫利克.新媒体技术——文化和商业前景（第2版）[M].北京：清华大学出版社，2005：125.

媒介内容制作的融合还意味着媒介组织结构和工作流程的变化。美国媒介综合集团2000年投资4,000万美金在佛罗里达州坦帕市建造了一座传媒大厦,取名“坦帕新闻中心”(Tampa's News Center),将属下的《坦帕论坛报》及其网站Tampa Bay Online、电视台WFLA-TV,还有集团网站TMO.com的编辑部门集中起来运行。集团设立“多媒体新闻总编辑”,统管三类媒介的新闻报道,使三类媒介在新闻采编方面实现联动。[①]

其二,媒介内容传播渠道的融合。

在传统媒介数字化转型之前,媒介内容传播渠道以不同的传播技术为标准划分为印刷媒介、电波媒介、数字媒介。不同类型的媒介在形态上区隔清晰,各自单独承担着内容传播载体的角色。但是,随着印刷媒介和电波媒介在数字传播环境下的数字化改造和转型,所有不同媒介的信息内容都能编辑成数字格式,通过同一个数字信息传播渠道完成。

例如,手机作为一个数字信息传播载体,既可以传播数字格式的报纸和杂志内容,也可以对电视节目进行实时直播,还能够提供互联网信息的浏览和下载。报纸、电视、网络等不同的媒介形态,以数字化的内容作为纽带,以手机作为载体实现媒介形态的大融合。同样,报纸推出在电视上播出的电视版,网络视频资源通过IPTV的点播功能在电视上播出,在IPTV上进行互联网浏览等,都是媒介形态融合通过传播渠道得以实现的例证。

当前,媒介生存形态的融合仍在继续,网络逐渐成为媒介形态融合的大平台。媒介融合将会是所有媒介寻求网络化生存的结

① 蔡雯.媒介大汇流下的“融合新闻”[J].传媒观察,2006(10):28-30.

果。究其原因,在于网络信息海量、分众及双向互动的传播特点更加符合受众的媒介使用需求。用户既是网站内容的浏览者,也是网站内容的制造者,由被动地接收互联网信息向主动创造互联网信息发展,使得互联网真正成为开放和互动的空间。

报纸、广播、电视等传统媒介的网络化生存已经促成多样化的媒介形态融合发展态势。手机作为数字媒介的典型代表,也在通过互联网寻求与更多媒介形态的融合。目前,智能手机已经普及,手机不仅可以提供各种格式的信息内容的阅览,而且其应用早已扩展到生活中的方方面面,手机视频、手机支付、信息存储、定位导航、在线游戏等,任何信息都可以最终融合到手机平台上。

三、媒介的终极生存形态——数据库生存

毋庸置疑,互联网技术还将日新月异地向前发展。当 Web2.0 成为互联网发展过渡阶段的产物,在互联网进一步迈向 Web3.0、Wcb4.0 的进程中,未来的媒介形态仍将停留在基于互联网平台的大融合,还是会呈现出另一番不同的媒介景观呢?

(一)数据库是媒介数字化生存的终极形态

媒体要谋求生存和发展,前提是能够满足受众的信息需求并且形成较为固定的赢利模式。在数字传播时代到来以前,报纸、广播、电视因不同的制作技术而生产各具特色的内容产品,因不同的介质特性而具有不同的传播优势,因此它们都能满足部分特定受众的信息需求和媒介接触习惯,从而拥有较为固定的受众群体,并以在媒体上刊登和播出广告为主的经营方式获取利润,维持媒体

的运营和发展。而在数字传播时代，以网络、手机为代表的数字媒介兴起并且发展迅猛，分流了大量传统媒体受众，对传统媒体的生存形成巨大挑战。传统媒体不得不在数字传播的大环境中选择数字化转型。然而，在数字化转型的过程中，媒介生存形态逐渐走向融合，传统媒体却又遭遇新的困境。

在报纸数字化和网络化转型的过程中，信息内容传播通路的缺失使之丧失集成商的地位，进而转变为内容生产商和供应商。传统报纸媒体集采编、发行、广告各项业务于一体，扮演着集成商的角色。但是进行数字化转型后，各种数字化报纸产品被生产出来，却面临传统报纸的发行渠道无法承担数字内容传输的问题。报纸媒体必须另外寻求数字传播通路。网络、手机等数字媒体的兴起成为报纸数字内容传播载体的必然选择。因此诞生了网络报纸、手机报纸、电子报纸等各种新兴的报纸形态。这样，随着报纸数字化和网络化转型的推进，除了传统报业形态的延续，在数字报业形态中，报纸作为内容生产商和供应商的角色转变越来越凸显。

另外，商业网站由于在新闻采访权方面受到一定的限制，最初的发展都毫不例外地借助于传统报媒强大的新闻信息采集优势，大量免费或廉价地使用传统报纸或其新闻网站的信息内容。正如人们常说："传统媒体的草养大了网络媒体的羊。"时至今日，它们已经迅速发展壮大，拥有庞大的受众群体和通路优势，远远领先于传统报媒新闻网站的发展。据了解，报纸每年的采编成本都在千万元以上。以南方报业集团为例，其下辖多家子报子刊，每年投入采编运营的费用都在两亿元人民币以上。但新浪网每年只需支付20万元，就可以转载南方报业集团所有报纸的原创信息。这些信息经过改头换面之后放到网上，除非点进内页，否则很难看出是南方报业集团的产品。[①] 传统报纸媒体曾陷入十分尴尬的境地。但随着传统报媒版权意识的提高，它们组成报纸联盟对网络媒体进行集体抵制，内容出售的价格也越来越高。由此我们可以看出，传统报媒仍具有独特的内容优势，这是其他数字媒介短期内不可企及的。在数字传播背景下，报纸媒体在与数字媒体的竞争中，真正的核心竞争力仍要归结到其内容的采集和制作，这就更需要强化报纸作为内容生产商和供应商的角色。

广播电视所面临的境况也有相似之处。网络电台、网络电视等基于数字技术和网络技术的新媒体也分流了大量的广播电视受众，IPTV 等电视新技术甚至能够直接过滤掉插播广告，直接影响到媒体的广告效果和经营收入。以广告收入作为媒体经营支柱的时代已经成为过去时。随着模拟电视向数字电视整体转换的推广和实施，内容销售将会取代广告收入，成为电视媒体的主要收入来源。

总之，在数字传播背景下，传统媒体的传播渠道价值将逐渐被数字媒体所取代，内容信息将更多地通过数字终端传播给广大受众。传统媒体的内容制作优势将成为其生存和发展的核心竞争力。传统媒体应定位于媒介市场产业链上游的内容生产商和供应商，立足于自身内容优势，拓展内容数量，提升内容质量，提供不同形式的内容资源给其他媒体有偿使用，利用已有资源为市场提供信息增值服务。若以此作为传统媒体生存和发展的指导思想，那么，数据库将是媒介数字化生存的终极选择。

---

① 不能再享“廉价大餐”，网络媒体面临断奶[EB/OL].(2009-6-23)[2016-10-11].http://www.022net.com/2009/6－23/433657332783227－3.html.

(二)媒介数据库生存的必然性分析

数据库是按照数据结构来组织、存储和管理数据的仓库。数据库有多种类型,从最简单的存储各种数据的表格到能够进行海量数据存储的大型数据库系统,它们都在各个领域得到了广泛应用。传媒领域的数据库建设也已历经几十年的发展,成为媒介在数字技术背景下发展壮大的重要任务。例如,数据库是英国路透社最主要的赢利模式;日本《读卖新闻》的数据库营销占其整个数字化收入的20%;《日本经济新闻》最具特色的就是其内容数据库营销;我国的新华社于2003年建成开通的多媒体数据库,成为新闻行业数据库应用的典范。

数据库生存将成为数字传播背景下媒介终极生存形态的理由如下:

其一,在数字传播背景下,只有数据库的生存方式最符合传统媒体内容生产商和供应商的角色定位,能够最大限度地发挥出媒体的内容优势。

首先,数据库的超大信息容量为媒体的内容生产提供了巨大的储存空间。其次,利用数据库可对各种内容数据进行集中控制和管理,并通过数据模型表示各种数据的组织以及数据间的联系。因此,即使内容数量再大,也能分门别类、整齐有序地被使用。最后,数据库数据共享的特点,为内容生产方式的革新提供了条件。它有利于媒体从业者在统一的数据库平台上互通有无,也为内容生产管理提供了极大的便利。以新华社多媒体数据库为例,它是新闻信息资源共享的平台,通过合理调配采编力量,新闻、信息原料得以统一采集、共同使用,改变了多头采访、重复编辑、资源浪费的现象，从而更方便地实现了分层次编发稿件、编发背景资料、推出各种方式的个性化服务以及实现文字和图片报道在采编环节上的互动。①

其二，媒介的数据库生存形态符合数字传播时代受众的特点，能够以受众所需的传播方式充分满足受众的信息需求。

数字技术使信息传播交互的每一个节点上都可能是一个“传”或“送”的中心，信息流向呈现双向的、分散的甚至是网状的结构。而随着“Peer－to－Peer”(点对点)等互联网技术的运用，单个用户之间也可实现即时交流和文件的共享，它改变了互联网发展初期以门户网站为中心的大型网状结构，为“去中心化”结构中的网络用户重新赋予应有的话语权。在数字传播时代，受众不再是传统意义上的“大众”，而成为碎片化的分众，有着各自独具个性的信息需求。他们不再完全被动地接收信息，而是主动选择信息，成为信息的制造者、新闻的主动参与者。他们需要实现信息的互动和即时的动态交流。媒介通过建立受众数据库，可以通过受众数据进行精确分析，将受众进行二次甚至多次细分，从而为不同需求类型的受众提供新闻定制服务和其他相关信息服务。媒介数据库丰富的信息内容也为受众各取所需创造了条件。

其三，数据库营销是媒介数字化生存和发展的一种重要经营模式。

传统媒介数字化的生存和发展需要开创新的经营模式。事实证明，无论是报纸还是电视，如果固守依靠广告作为经营支柱的观念，将会面临极其艰难的生存困境，因此必须转变经营思路。经过

① 李彦魁，闵大洪.报业数据库建设是实现数字报业战略的重要内容[J].中国报业，2006(10):19-23.

实践探索，数据库营销是一种适应现代信息社会的营销方式。在美国和欧洲已经发展了近 30 年的数据库营销早已成为《哈佛商业评论》《财富》等著名媒体常用的市场竞争手段。《哈佛商业评论》杂志在中国的市场策略也采用数据库营销的方式，通过 EDM (Email Direct Marketing)将信息有效传递到目标客户手里。[①] 现代营销学之父菲利普·科特勒认为，数据库营销是指营销者建立、维持和利用顾客数据库和其他数据库（产品供应商、批发商和零售商）以进行接触和成交的过程。基于数据库是数据库营销的基石，传统媒体应将数据库建设作为一项重点工程。从这一点来看，数据库仍是媒介在数字传播背景下生存的终极形态选择。

① 张春林.报业集团数据库营销思路分析[J].长江师范学院学报，2009，25(3)：36-40.

第三章　数字传播与广告生存形态的变迁

广告生存形态与媒介生存形态紧密相连。在第二章中，笔者将数字传播背景下媒介形态的演进划分为三个阶段，即传统大众媒介的数字化转型阶段、媒介形态的融合阶段以及媒介最终的数据库生存阶段。在媒介形态演变的不同阶段，广告的生存形态也呈现出不同的面貌。本章首先对数字技术诞生前广告生存形态的演进过程进行梳理，并试图运用达尔文主义范式作为逻辑法则，对演进过程作出合理的理论阐释，并在此基础上对数字传播背景下广告生存形态已经发生的和正在发生的变迁进行重点讨论。基于传统广告定义与现实广告表现的差距，笔者将对广告进行重新定义。

第一节　广告生存形态变迁的逻辑法则

一、数字技术诞生前广告生存形态变迁的梳理①

在数字技术诞生之前，人类经历了印刷技术和电波技术两次重大的技术革命。印刷技术的诞生，产生了报纸和杂志；电波技术的发展，带来广播和电视媒介的兴起。正是这些媒介形态的重大变革，导致广告在其发展的历史长河中不断进行着生存形态的调整和适应性演进。概括起来，数字技术诞生之前广告生存形态的演进过程可划分为三个阶段：原始广告生存形态、近代广告生存形态和现代广告生存形态。

（一）原始广告生存形态（广告产生—1450 年）

原始广告的主要生存形态是：口头叫卖广告、实物广告、音响广告、招牌广告、文字广告。

广告起源于商品交换。第三次社会大分工后，人类社会进入了原始商品生产和交换的时代，广告应运而生。早在古希腊、古罗马时期，一些商业较为发达的沿海城市就出现叫卖、陈列、音响、诗歌、招牌等原始广告形态。

---

① 本部分参考以下书籍整理而成：陈培爱著：《中外广告史——站在当代视角的全面回顾（第二版）》，中国物价出版社，2002；赵琛著：《中国广告史》，高等教育出版社，2008；黄艳秋、杨栋杰著：《中国当代商业广告史》，河南大学出版社，2006；苏士梅著：《中国近现代商业广告史》，河南大学出版社，2006；杨海军、王成文著：《世界商业广告史》，河南大学出版社，2006；许俊基主编：《中国广告史》，中国传媒大学出版社，2006。

公元前3000年—公元前2000年，古巴比伦已经有了楔形文字，人们用苇子、骨头、木棍等物在黏土版上刻文字，然后晒干成为瓦片保存，据此可推算出文字广告的产生时期。古埃及最早的文字广告刻在石碑上，石碑成为最为原始的广告媒体。

和文字广告同时诞生的广告形式是商标字号。广告学者认为，古希腊人用黏土、木、石等所绘制的各种标志，是世界上最原始的广告形式。

我国原始广告生存形态的演变：

战国至隋朝年间，封建政治、经济、文化处于迟缓的发展状态，广告的发展也比较缓慢。新的广告形式出现不多，但在方法技巧上却有不少改进。悬帜广告说明当时已具备这种广告形式出现的物质条件，如织染、缝制技术，而且商人广告宣传意识增强。实物广告发展为悬物广告，汉以后较为流行。悬物广告是店铺在门前悬挂与经营范围有关的物品或习惯性标志，起着招牌广告的作用。如悬壶卖药、当垆卖酒。商品命名广告（以产品制造者的名字或与商品有关的故事情节、历史背景来命名商品。如张芝笔、左伯纸、韦诞墨）也已出现。

唐代出现灯笼广告、旗帜广告等新的广告形式。灯笼广告一般是夜间悬挂在店铺门前，灯笼上用文字表明其商号的商业性质，如写上“酒楼”“茶馆”或“客栈”等字样，在夜间点烛照亮，十分引人注目。灯笼广告的兴起缘于唐代商业贸易的发达而出现了夜市，且灯笼的制作技术达到了一定水平。旗帜广告以酒旗的使用最多，由最初的青白二色布发展到五彩酒旗，并绣上图案或店名。

两宋时期，随着技术的革新和生产力水平的提高，广告形式更加多种多样。招牌广告遍及城乡，几乎每家商店都有自己的招牌名称，不再像唐五代时只是集中于官府统一管理的市场内。招牌广告有横、竖等不同类型，有文有图。文字写明店铺的名称和性质，图画则显示行业性质，如药店画药葫芦、酒店画李太白像等。两宋时期的音响广告得到了很大发展。音响广告发展成为声音与音乐的结合，人类原始的吆喝叫卖声与歌谣、快板、词曲相结合，悦耳动听且更具诱导性。印刷术的发明和使用，使广告得到更加广泛的应用和发展。济南刘家针铺的广告铜版雕刻，是目前世界上最早的印刷广告实物，比西方公认的最早的印刷广告（1472 年英国第一个出版商威廉·凯克斯顿为宣传宗教内容的书籍而印刷的广告）还要早三四百年。南宋时期我国出现最早的广告画，是一幅推销“眼药酸”的广告。

在元代，印刷广告得到了进一步发展，出现了印有商品广告的产品包装纸。但此时的印刷广告并未成为广告主要的生存形态。直到 1450 年德国人古登堡发明铅合金活字印刷术，大大提高了印刷的质量和速度，成为广告变革的最重要因素。铅合金活字印刷术为印刷广告的发展提供了条件，使人类广告活动由原始的口头、招牌、文字等广告生存形态进入以印刷广告为主要生存形态的近代广告时期。

（二）近代广告生存形态（1450 年—1920 年）

近代广告的主要生存形态是：印刷广告、报纸广告。

我国最早的印刷广告是济南刘家针铺的广告铜版雕刻，得益于毕昇发明的活字印刷术，虽比西方印刷广告的开端要早三四百年，但在当时还不是主要的广告形态。1450 年，德国人古登堡发明的铅合金活字印刷术，是印刷广告成为广告主要形态的技术基础。

1472 年，英国第一个出版商威廉·凯克斯顿为宣传宗教内容的书籍而印刷广告张贴在伦敦街头，标志着西方印刷广告的开端。

十三四世纪的欧洲出现了报纸的雏形“新闻信”，刊登市场行情和商品信息，它实质上是商业广告的一种表现形式。

十五六世纪，在地中海沿岸的威尼斯出现了最早的手抄报纸，提供商业与交通信息，已初步具备报纸广告的模样。16 世纪以后，欧洲经济发达国家陆续出现了定期印刷报刊。报纸成为广告的最佳媒介，报纸广告逐渐成为广告主要的生存形态。1850 年到 1911 年间，世界上有影响力的报纸先后创刊，如《每日邮报》（1896 年）、《纽约时报》（1851 年）、《读卖新闻》（1874 年）等。这些报纸的主要收入来自广告，广告公司由此诞生，广告事业得到极大发展。

在近代，人们把新技术应用于广告领域，促成广告形式的多样化发展。1853 年，摄影技术发明不到几年时间，纽约的《每日论坛报》第一次采用照片做广告。由此，摄影图片成为广告的重要表现手段。可口可乐公司在 1891 年做了世界上最早的挂历广告。1910 年，巴黎在国际汽车展览会上首次使用霓虹灯广告，霓虹灯广告就此风靡世界。

英国传教士于 1853 年在香港创办的《遐迩贯珍》杂志首开中文刊物刊登广告之先河。以报纸杂志为媒介载体的近代广告由外商引入我国。鸦片战争以后，各帝国主义在我国进行广告竞争。在新的报刊广告媒介兴起的情况下，传统广告媒介仍然有其生存的根基，形成先进广告媒介与传统广告媒介并存的局面。

19 世纪下半叶，具有爱国思想和民族意识的资产阶级改良派把报纸作为传播新思想的重要手段，利用报纸广告同帝国主义列强进行斗争。官方报刊也打破不登工商广告的惯例，开始有限度地刊登广告，并制定详细的刊登广告的章程和价格。

辛亥革命前，全国报刊达500多家，除宣传革命形势外，还刊登大量广告，促进了工商业的发展。这些广告有两个明显特点：一是广告内容的范围扩大，有百货、电影、医药、银行、书籍及个人通告等。二是广告的版面编辑水平有所提高，不仅有文字说明，还有彩色画面。辛亥革命后，一些外国人主办的报刊陆续转为中国人主办，如《申报》《新闻报》等，报纸上的广告篇幅开始增加，更加讲究广告形式与效果。

五四运动前后，随着中国工人阶级作为重要的政治力量登上历史舞台，具有初步共产主义思想的先进分子也创办了许多刊物，除政治宣传外，也开展广告宣传，提倡国货，抵制洋货。报纸成为一种最廉价、传播效果最好的广告媒介。

(三)现代广告生存形态(1920年至今)

现代广告的主要生存形态是：广播广告、电视广告。

进入20世纪，科学技术的发展日新月异。广播、电视、电影、录像、卫星通讯、电子计算机等电讯设备的发明创造，使广告进入现代化的电子技术时代。这是现代广告走向成熟的标志。

广播是科学家们于20世纪初研发的利用无线电技术进行语音传播的大众媒介形态。20世纪20年代，广播广告成为广告的一种新的生存形态。世界上最早的广播电台KDKA于1920年在美国匹兹堡开播，1922年开播广告业务。1926年，美国出现全国性的广播网，广播广告盛极一时。二战以前，广播是继报刊等印刷媒介之后的第二大传播媒介。

电视技术也是20世纪的一项重大发明，是利用电信号同步传送语音和画面的媒介形态。1941年，美国创建了电视台。1941年7月1日，纽约的全国广播公司(NBC)旗下的"WNBC"电视台在棒球赛播出前的10秒钟时段播出了宝路华钟表公司(Bulova Watch Company)的广告。这是世界上第一则电视广告。20世纪50年代美国发明了彩色电视以后，这种集声音、画面和文字于一体的传播媒介显示出极大的优越性，一跃成为最主要的广告媒介之一。

现代广告时期，除报纸、杂志、广播、电视四大媒介之外，在科技发展的推动下，新的广告媒介层出不穷。售点广告、直邮广告、户外广告等开始出现并逐渐流行。

从20世纪30年代初到抗日战争前夕，是旧中国广告业的鼎盛时期。世界广告业的新技术、新材料不断传进中国，广告媒介更为发达。在我国陆续诞生了除报纸广告外的其他广告形式，包括广播广告、路牌广告、橱窗广告、霓虹灯广告、车身广告、小册子广告、样品广告等。书籍广告也成为国共双方争取读者和扩大社会影响的工具。1958年5月1日晚7时，北京电视台(中央电视台前身)开始试播，同年9月2日正式播出。在国外，电视业与商业电视广告几乎同步发展，而中国大陆电视广告的出现却与电视的首播相差了20年。直到1979年1月28日，才诞生中国大陆电视史上的第一条商业广告，即由上海电视台播出的"参桂补酒"广告。

二、基于达尔文主义范式的分析

从19世纪后半叶开始，在所有对人类发展的理论解释中，进化论的观念占据着中心位置。正如恩格斯所言，进化论、细胞学说、能量守恒定律是现当代人文社会科学的三大前提。其中，进化论关注的是物种的进化和发展问题：是什么促成了进化？进化的机制是什么？未来将如何发展？在现有的自然科学和社会科学领域中，进化论对发展问题的研究仍处于最前沿。

达尔文(Charles Robert Darwin,1809－1882)是生物进化论者中最具影响力的一位。他于1859年出版《物种起源》一书，从根本上否定了统治西方社会近两千年的发展观——神创论与物种不变论，系统阐述了以自然选择为中心的生物进化理论，为生物进化论奠定了坚实的基础。达尔文的进化论，也称"达尔文主义"，是生物学研究中最基本的范式，而且深刻影响了邻近学科。"达尔文的进化思想构成了对自然科学的根本重建，这在进化的生物学的狭窄范围之外产生了重要的影响，特别是在社会科学中产生了重要的影响。"①"人们越来越认识到达尔文主义范式的重要性不仅体现在它可以解释生物的进化，而且在更广泛的意义上，它对于理解整个世界以及人类现象也很重要。"②达尔文主义范式，特别是其自然选择学说已被人文和社会科学界广泛接受，进化论模式的社会发展理论甚至成为社会学研究的经典理论范式之一。广告，作为促进社会经济发展的重要组成部分，我们同样可以运用达尔文主义范式对其生存形态的演变和发展进行研究：将广告视为一个"物种"，探讨促成广告生存形态演进的内外动因，解释广告这一"物种"的各构成要素的"基因"如何进行变异，这将为我们对数字传播背景下广告生存形态的研究奠定坚实的理论基础。

---

① 罗杰斯.传播学史——一种传记式的方法[M].殷晓蓉，译.上海：上海译文出版社，2001：61.

② 迈尔.进化是什么[M].田洺，译.上海：上海科学技术出版社，2003：4.

(一)达尔文主义范式的理论梳理

1.传统达尔文主义

传统达尔文主义以自然选择学说为中心,主要内容可概括为四点:过度繁殖、生存斗争、遗传和变异、适者生存。

过度繁殖 达尔文发现,地球上的各种生物普遍具有很强的繁殖能力,都有依照几何比率增长的过度繁殖倾向,但各种生物的数量在一定时期内却都保持相对稳定的状态。在探究这一现象产生的原因时,达尔文想到了生存斗争。

生存斗争 "每一种生物都努力以几何级数增加其个体的数目;每一生物在生命的某一时期、在某一年中的某个季节、在每一代或间隔一定时期,都不得不为生存而斗争,而且都会遭到重大毁灭。"①生存斗争包括生物与无机环境之间的斗争,生物物种内的斗争,如为食物、配偶和栖息地等的斗争,以及生物物种间的斗争。生存斗争导致生物大量死亡,结果只有少量个体生存下来。那么,在生存斗争中,什么样的个体能够获胜并生存下去呢?达尔文用遗传和变异来进行解释。

遗传和变异 达尔文认为,一切生物都具有产生变异的特性,引起变异的根本原因是环境条件的改变。"当人类无意识地把生物置于新的、变化着的生活条件中时,变异就产生了。"②在生物产生的各种变异中,有的可以遗传,有的不能够遗传。但哪些变异可以遗传呢?达尔文用适者生存来进行解释。

---

① 达尔文.物种起源[M].舒德干,等,译.西安:陕西人民出版社,2001:92.
② 同①94.

适者生存 达尔文认为，在生存斗争中，具有有利变异的个体容易在生存斗争中获胜而生存下去。反之，具有不利变异的个体则容易在生存斗争中失败而死亡。也就是说，凡是生存下来的生物都是适应环境的，而被淘汰的生物都是不适应环境的，这就是适者生存。"我把这种有利于生物个体的差异或变异的保存，以及有害变异的毁灭，称为'自然选择'或'适者生存'。"[①]达尔文认为，自然选择是一个长期、缓慢、连续的过程。由于生存斗争不断地进行，因此自然选择也不断地进行。通过一代代生存环境的选择作用，物种变异向着一个方向积累，于是性状逐渐和原来的祖先不同，新的物种就形成了。由于生物所处的环境是多种多样的，因此，生物适应环境的方式也是多种多样的。所以，自然选择形成了生物界的多样性。

2.新达尔文主义

在达尔文时代，细胞学说刚刚建立，遗传学尚未成为科学，因而达尔文的进化论无法揭示生物遗传、变异的机制。缺乏遗传学基础正是传统达尔文主义的主要缺陷。孟德尔遗传理论的创立，为达尔文主义向新达尔文主义发展提供了良好契机。19 世纪末，德国胚胎学家魏斯曼把达尔文的自然选择学说与遗传学结合起来，开创了进化论研究的新方向——新达尔文主义。魏斯曼首次提出"种质学说"，认为生物体由种质和体质组成。种质即遗传物质，主管生殖和遗传；体质主管营养和生长等机能。种质是稳定的、连续的，不受体质的影响。因而他反对环境对遗传有任何影响，反对达尔文的获得性遗传的思想，认为进化是种质的有利变异

① 达尔文.物种起源[M].舒德干，等，译.西安：陕西人民出版社，2001：94.

经自然选择的结果。魏斯曼指明了遗传的物质基础及其连续性，在遗传机制上补充了达尔文的观点。1901年，荷兰植物学家德弗里斯提出“突变论”，他认为进化不一定像达尔文所言的要通过微小变异（连续变异）而形成，变异可以由一种不连续的突变而直接产生新的物种。1917年，摩尔根提出“基因论”，把魏斯曼的种质发展为染色体上直线排列的遗传因子，即基因，还“确立了不同基因与各种性状间的对应关系”①。至此，新达尔文主义走向成熟。

尽管新达尔文主义学派提出的“种质学说”“基因论”“突变论”等理论为传统达尔文主义作出了重要补充和修正，但它也存在一些局限性。“它研究生物演化，主要局限于个体水平，而进化实际上是一种在群体范畴内发生的过程。此外，这一学派中相当多的学者忽视了自然选择作用在进化中的地位，因而难以正确解释进化的过程。”②这正是现代达尔文主义要解决的问题。

3.现代达尔文主义（或称现代综合进化论）

现代达尔文主义是现代进化理论中影响最大的一个学派，它是达尔文自然选择理论与新达尔文主义遗传理论的有机综合。达尔文从外部世界假定并描述了物种进化发展的演化趋势，而遗传变异的动因与发生机制的研究则从内部证明了物种进化发展的事实规律。由此，生物进化论由达尔文的“物竞天择”发展为“基于基因遗传机制”的现代综合进化论理论体系。

现代综合进化论彻底否定获得性状的遗传，强调进化的渐进性，认为进化是群体的而不是个体的现象，并重新肯定了自然选择

① 达尔文.物种起源[M].舒德干，等，译.西安：陕西人民出版社，2001：545.
② 同①546.

压倒一切的重要性。其基本观点如下：

其一，“群体”是现代综合进化论的重要概念。进化的基本单位是群体而不是个体，进化是群体中基因频率发生重大变化的结果。“主张共享一个基因库的群体（或称居群或种群）是生物进化的基本单位，因而进化机制研究应属于群体遗传学的范围。所以综合理论在进化论研究方法上明显有别于所有以个体为演变单位的进化学说。”[①]群体论者强调生物界中的万物都具有独特性。人类如此，其他动植物物种也是一样。建立在群体思想上的综合进化理论认为：进化是生物群体中的变化，是群体中的个体从一代到另一代的更替。

其二，“物种形成和生物进化的机制应包括突变、自然选择和隔离三个方面。基因突变是进化的原料，它必不可少，它通过自然选择保留积累那些适应性变异，再通过空间性的地理隔离或遗传性的生殖隔离，阻止各群体的基因交流，最终形成了物种。”[②]自然选择决定了进化的方向，生物对环境的适应性是长期自然选择的结果。

现代综合进化论继承和发展了达尔文学说，能较好地解释各种进化现象，所以近半个世纪以来，在进化论方面一直处于主导地位。它基本消解了进化论者之间的不同声音，使得达尔文主义范式在经历了本质论者一次又一次的质疑后得到进一步加强。

（二）基于达尔文主义范式的广告生存形态变迁过程分析

达尔文主义范式为从事人文社科研究的研究者提供了一个崭

①② 达尔文.物种起源[M].舒德干，等，译.西安：陕西人民出版社，2001：548.

新的视角。物种是一个具有共同基因库的、与其他类群有生殖隔离的类群。“种群是指一定的时间和空间范围内同一物种个体的集合。”[①]据此定义，以进化论视角看待广告，它也是一个“物种”。该物种经过漫长的发展过程，已从最原始时期的无序分散状态发展成为当前经济结构中的一个重要的产业“集合体”。对于广告这一“物种”的生存形态的演进过程，达尔文主义范式成为一个有利的分析工具。根据这一范式的理论逻辑，我们对广告生存形态演进过程的分析主要集中于演进机制的层面：广告生存形态演进的机制是什么？广告基因如何进行变异、遗传和选择？通过对演进路径的描绘，形成对数字传播背景下广告生存形态的认知和判断。

1.广告生存形态演进的外部机制——媒介传播技术的进化发展

根据达尔文主义范式，“演进”是发生在群体层面的。只有在某一种新的广告形态成为社会某一时期广告主流形式的时候，才能称为“演进”。那些并未成为社会主流的广告生存形态，充其量只能算是广告种类的增加，并不能叫作“演进”。因此，广告在从原始生存形态到现代生存形态的演进过程中有两个重要标志：一是原始广告向近代广告演进的标志——报纸广告，二是近代广告向现代广告演进的标志——广播、电视广告。

顾名思义，广告即广而告之。广告源于人类早期的商品交换活动。人们为实现商品交换而产生将商品进行宣传的需求，随之出现对信息传播载体的需求。文字诞生以前，最便捷的途径就是叫卖——通过人类与生俱来的声音传递商品信息。因此，声音成

① 方萍，曹凑贵，赵建夫.生态学基础[M].上海：同济大学出版社，2008：43.

为原始时期广告最初的载体，即广告是通过声音的传播得以实现的。叫卖广告成为广告最原始的生存形态。

公元前3000年至公元前2000年，古巴比伦有了楔形文字，人们用苇子、骨头、木棍等在黏土版上雕刻文字，然后晒干成瓦片进行保存，于是文字就成为将商品信息广而告之的另一种载体。文字广告形态应运而生，它比叫卖广告更容易保存。除了使用文字，古希腊人还使用黏土、木、石等工具绘制各种商品标志，也是世界上较原始的广告生存形态。

由此可见，最原始的广告依靠声音和文字而存在，广告需要媒介作为载体以求生存，声音和文字作为媒介载体满足了广告生存的需要。广告的生存形态也随着媒介技术的不断进步而变得逐渐多样化。即便是原始的楔形文字，或是用骨头、木棍等在黏土版上雕刻文字然后晒干这种最原始的文字保存方法，也是媒介技术进步的真实展示。它们最终促成了文字广告的诞生。而在我国的古代社会，织染缝制技术、灯笼招牌的制作技术以及歌谣、快板等曲艺技能的提高，促成了更多广告媒介形态的出现，最终导致灯笼广告、旗帜广告、招牌广告、音响广告等广告形态的诞生。

在原始广告生存形态阶段，虽然媒介载体形式随着物质生产水平的提高不断丰富，但对于需要“广而告之”的广告来说，这些媒介的地域局限性和低复制率显然影响了广告广泛传播商品信息的效果。直到1450年古登堡发明铅合金活字印刷术，使得信息的批量生产和多地域传播成为可能，大众媒介应运而生。印刷技术的诞生标志着人类媒介传播技术的第一次重大变革。作为一种大众传播技术，它批量生产和方便运输的特点更加符合广告“广而告之”的需要，因此广告与这种新技术一拍即合，印刷广告形态出现，广告进入近代广告生存形态阶段。报纸诞生以前，印刷广告通常张贴于街头巷尾供人阅览，因而处于分散状态，广告效果仍具有不确定性。16 世纪后，欧洲一些经济发达的国家先后出现定期印刷的报纸，由于定期报纸具有传播的广泛性和受众的确定性，它很快成为广告最重要的载体，报纸广告成为广告的主要生存形态。

20 世纪初，电波技术的诞生标志着媒介传播技术的第二次重大变革。广播成为继报纸之后利用无线电技术进行语音传播的又一个大众媒介。和报纸比较起来，广播利用语音进行信息传播的方式更加方便快捷，能够实现实时播放，也可以随时进行信息的插播，并且能传播到所有信号覆盖的地域。这为广告提供了一个新的传播平台，将信息通过语音形式传播给大众的广播广告顺势而生。但由于广播只有声音，缺少图像，对于需要进行商品展示的广告来说是不适用的。不过，随着电视的产生，这一缺憾及时得到弥补。电视是晚于广播诞生的一种利用电信号同步传输声音和画面的媒介形态。它能同时传播声音、文字以及动态图像，因此将电视作为广告载体可以使广告内容更加丰富，形式更加生动。基于电视技术的信息传播优势，电视广告得以迅速普及。

从以上对广告生存形态演进过程的分析可以看出，广告是一个需要依靠媒介维持生存的“物种”。正是由于媒介传播技术的进化发展导致媒介生存形态发生变化，进而推动着广告从原始生存形态——近代生存形态——现代生存形态的渐进演变。

根据达尔文主义范式，进化的基本单位是“群体”而不是“个体”。因此，那些能够称得上“进化发展”的媒介传播技术，也一定能在社会的群体层面产生巨大影响，而那些未能与社会发生关联的媒介技术变化并不能被称为进化。由此，我们得出这样一个结论:只有媒介传播技术的进化发展才能够推动广告生存形态的演进。

我国北宋的毕昇首先发明了活字印刷术,比欧洲的古登堡发明活字印刷术早了400年。因此,我国最早的印刷广告——济南刘家针铺的广告铜版雕刻比西方印刷广告的开端要早三四百年。但印刷广告在当时并没有成为主要的广告生存形态。也就是说,毕昇发明的泥活字印刷术并没有促成广告生存形态的演进。究其原因,我们发现,毕昇发明的泥活字印刷术并未给中国社会带来文字印刷品数量的猛增,也并未促成报纸的诞生。直到清末民初,我国纸质媒介仍有90%的印刷量集中于雕版印刷。它在我国印刷技术发展过程中的作用远不及古登堡活字印刷术对西方社会产生的影响。从媒介传播技术进化的角度来看,泥活字印刷术虽然是一项伟大的技术发明,但由于它并没有在中国的古代社会普及,也并未对全社会的发展产生巨大影响,因此它并不能称作媒介传播技术的进化,因而也未能推动广告生存形态的演进。而古登堡铅合金活字印刷术在媒介技术发展史中的重大意义体现在社会和群体层面,推动了社会的剧变。只有这样的媒介技术进化才最终促成了广告由原始生存形态向近代生存形态的演进。同样,由于电波技术开创了无线电通讯时代,是媒介技术发展史上的一次重大进化,因而推动了广播广告和电视广告生存形态的演进。

2.广告生存形态演进的内部机制——“基因”的变异、遗传和选择

达尔文主义范式中的现代综合进化论是基于基因遗传机制形成的理论体系,其遗传变异的动因研究证实了物种进化发展内部

机制的客观存在。基因的“变异、遗传和选择”是达尔文主义范式的演化原则，也是其进化路径的理论框架。这是我们研究广告生存形态演进内部机制的有效理论武器。

变异是进化的必要前提。生物普遍具有变异性，变异能够产生大量备选基因型，为自然选择提供丰富的对象，物种才会呈现丰富多样的表现形态——物种的多样性和多形性，都是因为大量变异的存在而形成的。在大量的变异中，有些变异可以遗传，而有些变异则不能遗传。只有那些可遗传的变异才能在进化中发挥积极作用。物种形成的先决条件是可遗传的变异，而物种形成的基本动力是自然选择。自然选择使那些可遗传的变异不断被保存和积累，同时淘汰那些有害的变异，这一过程就是适者生存。

根据达尔文主义范式提供的进化路径，广告生存形态的演进同样可以放在这一理论框架下展开分析。广告生存形态的演进是广告基因变异、遗传和选择的结果。声音、文字、图像是构成广告最基本的三种元素，本书将这三种基本元素视为广告的重要基因，以此为基础探讨它们的变异和选择过程，从而构建广告生存形态演进的内部机制。

广告基因的变异是广告生存形态演进的必要前提。作为广告的重要基因，声音、文字、图像的变异体现在它们与不同的传播载体相结合而产生的多种基因型表现。这一变异的发生具有必然性，因为变异的根本动力源于人类信息传播技术不断向前发展的必然逻辑。

声音的变异。最原始的广告靠人类与生俱来的声音——语音传递信息，是一种口语传播形式。语音是人类发音器官发出的声音，它是最直接地记录思维活动的符号体系。当人类通过口头叫卖进行广告传播时，语音成为声音这一广告基因的最早表现型。而除了人类发出的语音之外，许多物体也能发出声音。物体振动产生声音，因此，利用音响如快板、锣鼓等做广告，能够比语音更加响亮，更能吸引人们的注意力。当语音和音响相结合时，广告通过声音系统传递信息的效果与任何单一声音的传播效果是不一样的，因此本书认为这是作为广告基因的声音的一种变异。广播诞生以后，无论是语音还是其他音响，或是两者的结合体，都能运用电波技术通过广播接收设备进行更为广泛的大众传播。广播广告中的声音是原始声音和广播载体相结合的产物，是通过无线电波进行传输的声音，此乃声音的又一种变异。此外，广告中的各种音乐、音响，甚至包括人的语音，都能利用各种音频设备、音乐软件等进行人为的加工合成，这些声音和原始的未经加工的语音和音响已有天壤之别。在高科技的作用下，广告中的声音一次次地发生着变异。

文字的变异。文字是广告中不可或缺的重要基因。若论文字的演变发展，在我国大体经历了甲骨文、金文、大篆、小篆、隶书、楷书、草书、行书等重要阶段，其过程之漫长，远非几个段落能够描述得清楚。恰好，这里所要论述的是广告文字基因的变异，并未打算将重心放在文字的外观字体变化上。因为文字以何种字体形式呈现在广告中，和当时被社会广泛接受的通用文字必然是一致的。作为一种信息传递的载体，人们更加注重文字所承载的含义。而文字的变异对于广告的意义，更主要是体现在文字与其不同的载体相互结合之后所产生的广告效果上。这才是探讨广告文字基因变异的关键问题。无论怎样的文字，都必须依附一定的载体才能得以呈现。例如，我国殷商时代刻在龟甲兽骨上的甲骨文、古埃及刻于石碑上的石碑文字、我国古代灯笼、招牌上的标记文字等。作为广告的文字信息，其传播的远近以及能够到达人群的众寡则取决于广告载体的可传播范围。那些能够将广告信息传递至更广阔范围的文字载体，势必更受广告需求者青睐。按照英尼斯在《传播的偏向》一书中的说法，印刷技术诞生以前，广告文字的载体是“偏倚空间的质重的媒介”，它们通常体积大、质量重、不易移动，只能在固定区域展示广告的内容，依靠流动人群的偶然注意获取较低的关注度。而在古登堡的活字印刷术诞生以后，尤其是报纸媒介成为大众普遍接受的媒介以后，文字以报纸这种“偏倚时间的质轻的媒介”作为载体的优越性则完全体现出来。报纸体积小、质量轻、便于携带和运输，作为载体能够将文字信息传递到更远的区域，到达更加广泛的受众。因此，印刷技术促成了广告文字基因最重要的一次变异——广告文字与报纸载体的结合，这一变异最终推动了广告生存形态的演进。

图像的变异。在世界上最原始的广告形态中，就有古希腊人用黏土、木、石等为载体绘制的各种以图像为主的标志。我国古代的招牌广告常以图画显示行业性质，如药店画药葫芦、酒店画李太白像等。南宋时期我国出现的广告画，也是利用图像进行广告宣传的一种方式。作为一种表达符号，图像和文字一样，也是传递广告信息的重要基因元素。对于广告来说，图像的变异除了体现在因人类绘图技术的提高所导致的图像质量的提升和表现形式的多变外，更为重要的变异体现在其显示载体的技术变革带来的重大变化。当电视诞生以后，它可以利用电波技术传送活动的图像。电视广告中的图像是一幅幅运动的画面，能够将世间的人和物真实地展现在受众眼前，只要有电视信号的地方就能够收看。这种电视广告图像与以往出现在报纸或其他载体上的图像截然不同，它更加符合广告对商品进行实物展示的需要。因此，广告图像的重大基因变异——电视广告图像的产生，促进了广告向电视生存形态的演进。

广告基因经过漫长的变异过程，最终报纸广告、广播广告、电视广告作为广告的主要形态在社会中得以保留，并成为广告生存形态演进的几个重要阶段的标志性产物，这是自然选择机制的作用，适者生存原则的体现。与达尔文主义范式的“群体”概念相适应，对广告基因的选择并不是某个单一个体的行为，而是一种发生于社会组织结构中群体的实践和选择行为。广告活动的主体，包括广告主、广告公司和广告受众，甚至作为广告的监管主体的政府，都在选择的过程中发挥着各自的作用。经过各方力量的博弈，最终适应社会传播环境和营销环境的广告生存形态成为活跃在广告舞台上的主要“物种”。值得注意的是，在广告世界中，我们所说的“被淘汰物种”并未真正销声匿迹，“淘汰”的含义更多地指向一种非主流状态。比如，在当前高新科技盛行的时代，我们仍能听到叫卖广告的独特声响，仍能偶见旗帜广告的身影。一些原始的广告形态并没有消失，只是它们已不再是广告的主要生存方式。

第二节 数字传播背景下广告生存形态的变迁

对数字技术诞生之前广告生存形态的演进过程进行总体描述和理论分析之后，我们再将视线转向数字技术诞生之后广告生存形态的变迁。上节得出一个结论：只有媒介传播技术的进化发展才能够推动广告生存形态的演进。作为人类媒介传播技术发展进程中的第三次重大技术变革，数字技术的诞生在全社会产生重大影响，给群体生活的方方面面带来翻天覆地的变化。数字技术不仅引发媒介生存形态的重大改变，而且导致媒介领域的全方位变革。毫无疑问，数字技术是媒介传播技术的一次重大进化，它必将推动广告生存形态的演进。本节将全面讨论数字传播背景下广告生存形态已经和正在发生的变迁。

一、传统广告的延续和创新

罗杰·菲德勒提出媒介形态变化的六大原则，首要原则即媒介的共同演进和共同生存。“文字传播并未淘汰语言传播，电子传播并不排斥印刷传播，而数字传播也未对抗电子传播，它们的发展似乎是一种相互竞争、相互借鉴、相互协调的关系。”[①]每一次伴随新传播技术而诞生的新媒介形态，都是对旧有媒介形态某方面缺陷的修正。它们并不会取代旧有的媒介形态，反而会推动其在新传播技术下的变革。这是传播学的经典理论命题。因此，在数字技术兴起的背景下诞生的新的数字媒介形态，并不会取代报纸、广播、电视等传统的大众传播媒介。“尽管我们尚难预测数字技术终将使传播系统以何种状态呈现，但可以肯定的是既有的大众媒介形式，仍会继续存在，与数字媒介一同构成媒介系统。”[②]既然传统媒介仍将存在，那么传统媒介广告也仍将与之相伴而得以延续。

① 邵培仁.传播学[M].北京：高等教育出版社，2000：42-43.

② 张金海，王润珏.数字技术与网络传播背景下的广告生存形态[J].武汉大学学报（人文科学版），2009(4)：493-497.

当传统媒介在新数字媒介的冲击下必然要通过数字化转型谋求生存和发展时，传统媒介广告也必然面临数字化生存的创新问题。

这里的“传统广告”，主要是指报纸、广播、电视、杂志四大传统媒体的广告。目前，报纸和杂志广告规模持续缩小，但电视占据绝对优势，仍是大品牌广告投放的首选媒体。电台广告也随着私家车和移动终端网络收听设备的普及而稳步增长。在数字传播背景下，传统广告依然能够延续，究其原因主要有：其一，尽管以网络为代表的新媒介分流了相当一部分受众，但是传统媒体，尤其是电视面向大众的特点仍未改变。广告主若想通过广告提高品牌知名度，利用传统媒体的大众性仍是最好的选择。其二，传统大众媒体以广告经营收入作为生存支柱的赢利模式，决定了传统媒体会想方设法发掘新的市场价值，盘活广告资源，吸引广告客户。

传统广告的延续一方面体现在传统媒体原有广告形式的保留上，这一点无需多论。值得关注的则是传统广告延续的另一种体现——传统广告在新媒介形态中的延续生存。传统媒体在数字化转型和网络化生存的过程中，将其既有的广告形式移植到互联网或其他数字媒介中，成为一种普遍现象。以互联网为代表的新媒体与广播、电视等传统电波媒体之间具有极高的兼容性，这是传统广告在新媒体中延续生存的基础。一些常见的网络广告形式，如页面广告、视频广告、插页广告等，它们都是将传统媒体广告形式通过数字技术重新编码后移植到网络上进行发布，其实质是传统媒体广告生存形态的网络化展示，依然遵循着传统媒体的单向传播思路。而受众往往对这种强迫式的广告手段并不感兴趣，甚至深感厌恶。以插页广告为例，广告主选择自己认为合适的网站或栏目，在该网站或栏目出现之前或出现的同时，自动跳出另一个幅面更小的网页，展示广告信息，这就是插页广告。这种插页广告首先在视觉上影响了受众正常的网络浏览，打乱了受众的思路，分散了受众的注意力，可想而知受众对于这种干扰信息的第一反应就是关闭页面让它消失，然后继续正常的网络活动。因此，笔者认为，传统广告在新媒介上的这种延续方式并不成功。其关键在于传统广告的单向传播思维仍在继续，对网络等新媒介的传播特征并未充分加以利用。网络等新媒介虽然沿用了传统媒体声音、文字、图像等诸多元素，但其数字技术基础决定了它们具备不同于传统媒体的传播特征。这就需要传统广告在新媒介中生存时不应仅仅是对传统媒体广告形态的生搬硬套，而是应该充分利用新媒介的传播特征进行创新。

与传统大众媒介相比，以网络为代表的新媒介具有以下显著特征：其一，信息的海量储存和海量传输；其二，分众传播；其三，单向的中心化的大众传播模式被双向传播和互动所取代；其四，实现了多媒体传播，数据、文本、声音及各种图像在数字化环境中能够一体化、全景式呈现。在新的媒介形态中，传统广告要实现一定的传播效果，就必须遵循新媒介的传播规律，利用并扩大这些传播特性进行广告形态的创新。下面笔者将结合新媒介的传播特征，提出传统广告在新媒介形态中的创新方法。

创新之一：利用新媒介海量传播的特性提供更加全面的广告信息。

传统广告由于受到载体版面或时间的限制，广告信息通常都是不完全的。在有限的时间和空间范围内，广告主只能挑选他们认为对商品销售最有利的信息进行广告宣传，但这却往往并不能满足受众对获得完全商品信息的需求，因此传统广告对于受众来说存在严重的信息不对称问题。而在数字技术的支持下，信息海量储存和海量传播的特点可以解决这一问题。“万维网的超文本、超链接的实现，突破了传统媒体线性地组织文本的局限。这个信息海洋不仅有着取之不尽的信息资源，而且在这无数的信息之间又形成了千丝万缕的联系。”[①]传统广告应充分利用页面之间的超链接，聚合产品的多层次相关信息，方便受众的查阅。这样，尽管信息表达方式仍是传统广告形态，但由于利用了网络上信息的无限链接所带来的海量特性，广告主可以用更加全面的、真实的广告信息与受众进行真诚的交流。

创新之二：利用信息的分众传播特性提供更加具有针对性的广告信息。

“网络所构筑的虚拟空间在成长中逐渐断裂，投射在使用群体上则表现为网民属性异质化基础上网络行为的细分，及其作用下网民自身特征结构的不断分化。”[②]以网络论坛为代表的虚拟社区所构筑的社区空间，使网络的“分众”特点初现，而以博客为代表的网络新媒体的诞生更标志着个人媒体时代的开始，“分众”更加朝向深入化、精准化方向发展。网络成为一个“分众”聚集的平台。传统广告的大众传播方式在新媒介中将不再适用。因此，传统广告在新媒介形态中要利用受众细分的特点，找准广告产品的目标群体，有针对性地进行广告投放，以提升广告效果。

创新之三：利用传播的互动特性优化传统广告的受众体验过程。

传统广告在网络上硬性移植的效果并不好，因为受众并不喜

① 舒咏平，陈少华，鲍立泉.新媒体与广告互动传播[M].武汉：华中科技大学出版社，2006：25.

② 郑欣.空间的分割——新媒体广告效果研究[M].北京：中国传媒大学出版社，2008：15.

欢强迫式的广告接收方式。如果受众能够亲自参与到广告活动中，通过互动在不知不觉中逐渐了解、认同和接受广告产品，这样广告效果一定会好得多。而只有网络的双向互动传播才能为广告主和受众双方提供这样的机会，变传统广告为体验式的软性广告，优化了受众的体验度，进而达到预期的广告效果。例如，2005 年，上海通用汽车和搜狐联手打造“凯越——搜狐汽车自驾中国”活动，历时五个月，搜狐网该活动访问量达3,000万次，有2,800名参与者亲自体验了别克凯越汽车的性能、品牌个性和魅力，增强了对凯越汽车的好感和忠诚度。微信朋友圈里的广告推送，主要也是以邀请受众参与品牌活动的互动形式来获取进一步的关注。此外，越来越多的广告主利用网络征集网民的广告创意，这其实也是在利用网络传播的互动性扩大品牌知名度和影响力。不管能否征集到好的创意，这种活动本身就是一个替代了传统广告模式的绝好宣传方式。

创新之四：利用信息的多媒体传播提升广告信息的丰富性和生动性。

互联网是一种典型的多媒体传播。“它的含义包括三个层次：传达信息使数种感官如视觉、听觉、触觉同时感受，信息可使用多种媒体方式传达，如语言、文字、图画、影像、影片、音讯、视讯，传达信息的技术包含电脑、影视、通讯等。”[①]那么，传统广告可以利用网络信息传达的多媒体特性进行表现形式的创新，提升广告信息的丰富性和生动性，为受众带去多种感官体验，这有利于吸引受众的注意力，增加广告的点击率，从而提升更多广告链接内容被关注的可能性。

---

① 刘文沛，应宜伦.互动广告创意与设计[M].北京：中国轻工业出版社，2007：76.

二、新媒介广告的多样化生存形态

在数字传播背景下，一方面，伴随传统媒体的数字化转型，传统广告形态在互联网上进行着延续和创新；另一方面，伴随新媒介如雨后春笋般的兴起，广告数字化的生存形态也逐渐产生并蓬勃发展起来。数字技术是媒介传播技术的一次重大进化，它必将推动广告生存形态向数字化的演进。

为区别于传统广告形态的数字化转型，在此特将以新媒介为载体的广告称为“新媒介广告”。新媒介形态伴随数字技术的发展不断增加，其多样性直接导致新媒介广告生存形态的多样性，由此丰富了广告的物种类型。各种各样的新媒介广告层出不穷，令人眼花缭乱。“2015 年，我国数字广告经营额达到1,589亿元，可比增幅比上一年提高了 35.3%，大大领先于电视台、广播电台、报社、期刊社四大传统媒体。”[①]然而，新媒介广告的发展并非毫无规律可循，通过仔细梳理和分析，我们可以发现其变迁的基本路径。

笔者认为，数字传播背景下广告生存形态的变迁主要依照三条路径展开：一是随着数字技术的不断进步，具有代表性的新媒介催生的新媒介广告形态成为主流，例如网络广告、手机广告、数字电视广告等。二是基于网络平台诞生的网络新媒介广告。由于更多的新媒介是以互联网为基础的新形态，它们实质上是对互联网应用不断扩展的结果。那些受众使用率高的网络应用形式，都将成为新的广告发布媒介平台。例如搜索引擎广告、博客广告、网游

① 广告业形态将发生很大变化，十三五期间年营业额将超万亿[EB/OL].(2016-8-3)[2017-4-5].http://finance.sina.com.cn/roll/2016－08－03/doc－ifxunyyf6525457.shtml.

内置广告、网络视频广告、论坛广告、微信朋友圈广告等。三是基于户外视频平台的户外视频新媒介广告。户外视频是典型的为广告而生的新媒介，它们是传统媒体与数字技术的结合，为覆盖细分出的受众群体而诞生。例如楼宇视频广告、卖场视频广告、公交视频广告、高校视频广告等。

（一）新媒介广告形态的典型代表：网络广告、数字电视广告、手机广告

“从目前的现状来看，网络广告、手机广告、数字化过程中的电视广告是当今广告传播技术数字化的代表。”[①]“互动营销是以新技术为平台，以消费者的需求为中心，能够与消费者进行互动的一种全新的营销模式。……在这种广告互动传播的实时实现中，目前主要有三种媒体渠道：网络广告传播、无线广告传播、数字电视传播。”[②]以下将对这三种数字媒介广告形态进行阐述。

1.网络广告

国内外关于数字传播时代广告生存问题的研究从对网络广告这一新广告形式的研究开始。网络广告依托互联网产生，并随着互联网的迅速普及而逐渐为人们熟悉，它是指在互联网上传播、发布的广告，其广告形式、收费模式等都与传统广告有所差别。网络广告常见的形式有：条幅广告、按钮式广告、插播式广告、全屏广告、链接式广告、在线分类广告、搜索引擎广告等，此外还有通过新闻组、电子公告板或电子邮件发布的网络广告。网络广告在 1994 年诞生于美国，*Wired*（《热线》）杂志在其网站主页上发布了旗帜广

① 舒咏平.数字传播环境下广告观念的变革[J].新闻大学，2007(1)：98-101.

② 叶茂中.危机与机遇：互动时代的中国广告业[J].广告大观(综合观)，2007(6)：41-42.

告。这是广告史上里程碑式的一个标志。中国第一则网络广告诞生于1997年3月,Chinabyte网站发布了一幅468×60像素的动画条幅广告。

在互联网世界里,互动是一个重要的生存法则,广告也是如此。当前的网络广告,虽然种类、形式繁多,但基本上是把大众传播中常用的形式照搬到网络上,其实并不适应网络传播的特点,互动原则也没有得到充分体现。广告人已经意识到这一问题的存在,并正通过各种尝试利用网络的互动性发挥广告的最大效用。例如,分类广告正成为重要的网络广告形式。其原因在于,“网络传播的主导模式是受众主动去寻求自己所需要的信息,而不是被动地接受。”[①]还有一些网络广告同娱乐作品、流行文化的结合更加紧密,如“宝马汽车系列广告”和《玩具总动员》这样的广告电影,会在与消费者的互动中产生较好的传播效果。

“互联网的广告模式中是以搜索引擎最具数字新媒体特质的,它的意味在于帮助消费者到达所想要得到的信息和物质,是联结生产和消费最直接、最有效的途径。……搜索引擎的任务就是将每一个人与他所需要的商品联结起来,这正是广告活动的本质所在。所以,搜索引擎成为媒介融合形态下广告活动的经络,将充分渗透于整个广告形态之中,成为商品营销沟通中的重要构成部分。”[②]因此,作为网络互动的一个优质平台,搜索引擎广告也将成为网络广告的主导力量。

在网络上,受众不仅可以通过数字终端接收信息,也可以通过终端创造信息和传播信息。每一个信息接收终端都有可能成为内

---

① 刘文沛,应宜伦.互动广告创意与设计[M].北京:中国轻工业出版社,2007:68.

② 王菲.媒介融合中广告形态的变化[J].国际新闻界,2007(9):17-21.

容生产的源头,并通过网络传播出去。因此,媒介产业链发生了变化,在媒介产业链的终端会出现逆向生产的情况。这对广告信息的生存形态来说,具有革命性意义。广告传播的方式不再仅仅是广告主、广告公司、广告媒介才能充当信息的发布者,作为消费者的受众也能够成为广告信息的制造者和发布者。“他们的信息传播活动衍生出一个新的广告空间,并且因为体验性而具有强烈的效果,标示出广告活动全新的方向,具有相当的潜力。”①

2.数字电视广告

数字电视的兴起,改变了电视受众的收视方式和生活状态,也对传统形式的电视广告产生了深远影响。家庭影碟机、Tivo 数字录像机②等数字技术使电视在广告领域的优势地位日益受到威胁。“生存环境的变迁,必然引起事物生态状况的适应性调整和改变,数字电视的推广必然会对传统电视广告生存形态带来巨大的冲击。……面对数字电视的普及浪潮,广告显然不能再像在传统电视中那样呼风唤雨了。面对挑战,广告必须在新的传播环境中探寻自身的生存之道。”③

数字电视广告是指采用数字技术,运用声、画等多媒体以及数字互动技术,表达并传播特定信息内容的广告。与传统电视广告相比,数字电视广告具有以下优势④:数字电视技术信息容量大的

① 王菲.媒介融合中广告形态的变化[J].国际新闻界,2007(9):17-21.

② Tivo 是一种新型数字电视视频记录设备。通过该设备,电视观众可以录下他们最喜欢的节目并在方便的时候观看,通过设置,可以在录制的时候省略掉插播的广告内容。这种产品使得电视观众可以彻底摆脱电视台的控制。

③ 陈致烽.数字电视广告生存形态探析[J].福建师范大学福清分校学报,2006(2):74-78.

④ 舒咏平,陈少华,鲍立泉.新媒体与广告互动传播[M].武汉:华中科技大学出版社,2006:186-190.

特点使得数字电视具有超容量的广告信息传播能力;受众在接受广告信息时具有选择的自主权;数字电视广告能够实现从广告信息传播、商品展示到在线订货乃至在线付款等销售服务链上的几乎所有环节;数字电视广告能够同时传送图、文、声、像多感官信息,通过三维多媒体进行各种新奇的、个性化的设计吸引消费者。

常见的数字电视广告形式大致有八种,包括数字电视门户广告、网络广告、数字电视分类广告、视频点播广告、缩短单条广告时间、标识、植入式广告、贴片广告。① 有学者提出,广告专业频道是数字电视时代的新选择②。在认定频道细分是数字电视发展必然趋势的基础上,提出广告专业频道将是频道细分的结果,专门播出广告或提供广告信息类服务。广告专业频道的意义在于,它顺应了数字电视频道专业化的趋势,构筑了"碎片化"受众的重聚平台,有利于广告回归传递产品和服务信息的本源。

相对于传统电视广告,数字电视广告向广告主提供了更精准、更有效、更强而有力的营销选择,数字电视广告甚至可以发挥销售通路的功能。多项调查结果指出数字电视广告的发展前景可观,主要理由都是基于数字电视广告的互动性在商业上的运用价值及其市场潜力。

3.手机广告

手机广告是利用手机作为信息发布载体,向手机用户发布广告信息的一种广告方式。早前的手机广告主要是以短信的形式出现的,之后又发展出手机语音广告、手机搜索广告、智能手机 App

① 林升梁.数字电视广告生存形态探析[J].广告大观(综合版),2008(2):26-27.

② 陈致烽.广告专业频道——数字电视时代的新选择[J].福建师范大学福清分校学报,2008(2):74-78.

应用中的互动广告等广告形态。手机广告的优势体现在:它集合了文字、图片、音频、视频、动画等多种元素,依托手机上网或直接终端平台,选取特定地域、特定年龄段或者具备其他显著特征的人群进行定向投放,受众明确,到达率高,且即时快捷。基于这些优势,近年来手机广告的增长十分迅猛,移动广告市场规模逐年增大。仅在中国,易观国际的数据显示,手机移动广告的市场规模已经从 2013 年的 113.7 亿元攀升至 2016 年的1,110.5亿元,预计 2018 年将达到2,200.5亿元。[①] 最为火爆的是,随着微信的兴起和普及,朋友圈广告在微信上获得大规模运用。腾讯 2015 年第三季度财报显示,朋友圈广告推动其广告收入总体增长 102%。[②]

手机广告最初以静态文字和图片的形式出现。伴随着智能手机的诞生,手机广告也可以通过音频、视频和 Flash 等生动化和多样化的形式进行展现,吸引消费者的眼球。例如,联合利华旗下的男士沐浴露品牌 Axe 就利用 iPhone 播放 Flash 的功能,将发布在网络上的产品相关 Flash 游戏移植到 iPhone 上。通过手机,消费者不仅可以选择观看完整的品牌视频广告,也可以跳过广告直接进入游戏,进行产品的模拟体验。

对于手机广告的未来发展,有研究预测,手机广告有可能成为下一个数字传媒平台[③]。手机广告不会成为单独的收入来源,因为广告客户需要的是多渠道或者交叉渠道的广告投放,而互联网广告和手机广告会整合为同一个广告市场。将移动广告平台与固定广告平台(互联网)捆绑在一起,形成一体化广告平台,对于手机广

① 数据来自广告买卖网.http://www.admaimai.com/news/ad201601062－ad126269.html.
② 数据来自广告买卖网.http://www.admaimai.com/news/ad201601062－ad126269.html.
③ 周明.手机广告有可能成为下一个数字传媒平台[J].中国新通信,2008(12):30-31.

告业来说是至关重要的。2010年4月25日，拥有国内领先的手机移动应用广告平台技术的哇棒（wooboo）互动营销服务公司宣布，其旗下产品——WOOBOO手机广告发布平台正式运营上市。WOOBOO将利用该平台为广告主与程序开发者提供更为便利、高效、透明的线上和线下一体化服务。WOOBOO平台涵盖国内主流手机网络和数以万计的客户端，平台拥有高度自助、精准优化、全面优化、深入互动、精准衡量等五大优势，为广告主提供多种广告形式以及个性化的服务。WOOBOO广告平台的上市，突破了传统媒体的局限。其最大的特色在于能够为企业广告主提供更为精准的广告投放方式，让广告按广告主设定的投放目标到达指定消费人群，并且让广告在手机上变得生动有趣，引人注意。

（二）基于网络平台诞生的新媒介广告

网络新媒介广告是网络广告分众化的体现，主要表现在“基于网络个人媒体的深入分众和基于个体的分众精准化发展”①。技术的支持和即时、双向的传播特性使网络新媒介具备直接接触和了解用户的先天优势，因此在当前需要精准营销的时代，网络新媒介广告体现出巨大的发展潜能。

1.搜索引擎广告

搜索引擎是使用户能查找网页或者特定数据库信息的服务。搜索引擎广告将搜索引擎作为广告平台，利用人们对搜索引擎的依赖和使用习惯，在人们检索信息的时候尽可能将广告信息传递给目标客户。由于利用搜索引擎进行信息搜索已经成为现代人一

① 郑欣.空间的分割——新媒体广告效果研究[M].北京：中国传媒大学出版社，2008：25.

种重要的生活方式，它成为搜索引擎广告兴起的契机。全球几家著名的搜索引擎公司在搜索引擎广告领域进行着各种新的尝试。

Google在传统媒体平台中融入新因素，探索新的广告模式。它购买了一家广播广告公司，尝试把广播广告和网络广告结合起来进行商业运作。通过网络数字平台，网络广告主可以把自己的广告插入广播中，而广播广告的广告主也可以利用网络平台播放自己的广告。Google把AdWords的广告模式融入传统的广播广告中，广播广告的费用变成了竞价机制，将广告效果和广告费用紧密联系在一起。Yahoo专门设置了一个产品搜索界面，用户可以通过关键词搜索想要购买的商品，然后比较它们的价格品质等。搜索结果的数据库就和商户通过Yahoo“商品提交”的信息对应在一起。这种分类化的信息提交模式进一步扩大了信息来源，并提高了信息针对性，并把按点击收费的广告价格机制引入了其他领域。中国本土的百度公司，其搜索引擎广告称为“竞价排名”。和Google的搜索广告只是出现在网页搜索结果的右侧不同，百度的广告也会出现在搜索结果中，只是以“推广”来表明是广告。同时百度还推出了网页右下的“榜中榜”，以及以年为购买单位的“火爆地带”。百度还在自己的搜索页面、图片搜索页面、贴吧页面以及新闻页面都提供诸如旗帜、横幅等各种形式的广告。

2.网游内置广告

随着网络的普及，网络游戏在网民中的受欢迎程度与日俱增，网络游戏也成为一种广告新媒介，网络游戏内置广告应运而生。网络游戏内置广告指的是通过科学技术手段将产品或企业的信息植入网络游戏内部，在不影响游戏正常进行的情况下达到营销的目的。网游内置广告形式多样，就用户与广告的交互性而言，主要有非体验型广告和体验型广告两种。非体验型广告指的是网络游戏中的传统广告形式，比如游戏本身外的游戏前后视频广告、登录窗口广告、健康提示广告等。由于游戏与广告的界限明显，用户对广告的识别度高，因此与广告的互动性并不强。体验型广告指品牌信息与网络游戏高度融合的广告形式，比如游戏内的路牌广告和道具植入等。这种广告较为隐蔽，广告识别度低，用户在游戏过程中可以切身体验到品牌所带来的实际利益，因此互动性较强。

3.富媒体广告

在互联网发展初期，因为带宽限制，网站的内容以文本和少量低质量的GIF、JPG图片为主。而随着信息技术的升级，出现了不仅只有文字和图片，还包括动画、视频、互动、音乐等相结合的媒介形式，这就是“富媒体”。以此技术制作的广告就是富媒体广告。富媒体广告具有交互性和多媒体的双重特点。例如，一则采用了Java、Shockwave、VRML和视频的广告是多媒体广告，而增加了点击、填表等交互功能的广告就成为富媒体广告。

富媒体广告的类型主要有：利用一些矢量技术制作的广告，如Flash、VRML、Hotmedia、Onflow；运用一些程序语言实现或者控制的广告，如JavaScript、HTML、CGI、DHTML、Java小程序；利用一些流媒体技术制作的广告，如Realplayer、WMP、QuickTime；富媒体邮件广告，包括有网页正文式和附件式。

富媒体广告通常以在线视频即时播放的形式出现，除具有良好的视觉效果以外，其独特之处体现在与使用者之间的超强互动性，这是对传统广告的超越。几年前中国领先的数字广告平台互动通公司推出一种叫作 iCast(网络视频广告播放器)的网络广告播放工具,它可以突破传统网络广告带宽瓶颈对内容容量的限制,支持多种互动形式如 3D 互动演示、互动游戏、在线互动调研以满足不同受众的需求,并能通过实时统计系统对广告的投放情况进行全面监测。[①] 随着 Eyeblaster 和 United Virtualities 等国际知名富媒体公司陆续进驻中国,多种新的富媒体广告形式还会不断呈现。

(三)户外视频新媒介广告

以数据通信、互联网、数据库、多媒体为代表的数字传播技术的飞速发展为户外视频的出现提供了契机。户外视频是家庭电视的时空延伸,它能在更广泛的时间和空间范围内接触到更多的受众。从 2003 年开始,美国高盛、日本软银等大小国际风险投资机构纷纷进入我国户外视频领域,展开大规模"圈楼运动"。众多户外视频媒体运营商通过国际资本的资金支持,在各个具有户外视频潜力的场所圈占楼盘,写字楼、公交、医院、超市卖场、高校食堂无不成为他们的目标。2004 年国家广电总局正式批复同意在公交、地铁、出租车等交通工具及其他公共场所试行开办移动电视节目,户外视频广告成为关注焦点。

户外视频与老百姓的日常生活密切相关,在老百姓的日常生活中随处可见,因此其使用或被注意到的频率非常高,业界称之为"生活圈媒体"。分众传媒是中国生活圈媒体群的创建者。围绕着"生活圈"这一概念,越来越多的户外视频新媒介被开发出来,成为都市生活中具有商业影响力的广告平台。在写字楼有中国商业楼

① 见"互动通"官网:http://www.icast.com.cn/.

宇联播网，在超市有中国卖场电视联播网，在商业中心区有户外大型 LED 彩屏网络，甚至在电梯中也有公寓电梯平面媒体网。

尽管户外视频广告的效果备受争议，但作为一种广告形态的存在，仍具有极大的价值。户外视频为广告的生存和发展开创了一种全新的思路，即不再依附于已有的媒介形态，而是主动搭建广告传播的媒介平台，广告的生存空间得到了极大的拓展，并在将来仍孕育着无限的可能。

三、数字传播背景下广告生存形态变迁的本质

以上内容从现象入手，对数字传播背景下广告所呈现出来的多样化表现形态进行了一番梳理，即对“广告变成了什么样”这一问题作出解答。然而，我们不仅要看到广告变成了什么样，还应思考“广告是怎样在变”。只有对广告变迁的内在逻辑形成清晰的认识，才能对广告未来的形态变迁作出合理的判断。

(一)从“媒介形态化”到“泛形态化”

从“媒介形态化”到“泛形态化”，这是数字传播背景下广告生存形态变迁与印刷、电子技术下的广告变迁之间存在的本质差异。

在印刷和电子技术时期，媒介形态边界划分清晰，以媒介为载体的广告形态亦是如此，很好区分。广告的主要表现形态是报纸广告、广播广告和电视广告，具有媒介形态化的特征。而在数字传播背景下，媒介融合导致媒介形态边界模糊，新媒介广告形态并非通过媒介载体就能作出明确区分，呈现出多种形态混一或是完全崭新的形态样式。笔者称这种情constant为广告的“泛形态化”。泛形态

化是对新媒介广告表现形态的本质概括。具体看来，有如下几层含义：

其一，新媒介广告对传统的媒介与广告之间逻辑关系的改变。印刷技术和电子技术背景下，媒介因信息传递的需求而诞生，并非为广告而生，媒介与广告遵循的是先媒介后广告的发展逻辑，广告具有媒介形态化的特点。数字技术背景下，先广告后媒介的发展逻辑成为可能，如楼宇液晶电视、高校视频、公交视频、卖场视频、地铁视频等都是为广告而生的媒介形态，并且还会有更多新兴广告形态出现。广告生存形态摆脱了对媒介形态的依附，呈现“泛形态化”趋势。

其二，数字传播背景下新的广告媒介载体诞生速度更快，数量更多。网络和手机，作为数字媒介的典型代表，具有一个共同点：它们既是一种媒介形态，也是更多新媒介诞生的平台。以网络作为传播平台的新媒介有博客、播客、维客、网络电视、网络报纸等，以手机作为传播平台的新媒介则有手机报纸、手机电视等。它们同样也成为数字时代广告的新载体，催生了泛形态化的广告。

其三，数字技术对媒介发展来说，不仅仅是技术转型的问题，而且关乎生存形态、传播形态与产业形态的整体转型。对于广告的发展而言，同样如此。这和广告在印刷技术和电子技术背景下更多只是涉及技术的转型有着根本的差异。

（二）“资讯化”和“交互性”——广告变迁关键词

资讯化和交互性，是数字传播背景下广告生存形态变迁过程中的两个突出特点。广告的资讯化是广告以数字新媒介为发布平台并在形态上逐渐丰富的结果。广告的资讯化，意味着广告不再具有固定模式,在信息传递中传播者和接受者的界限日益模糊,广告主发布有关商品的资讯并收集消费者提供的反馈信息,消费者主动搜索所需的商品资讯并向企业提出建议和意见。在新媒介环境下,消费者能够将个人需求和售卖资讯通过互联网广泛发布,这种广而告之的信息又何尝不是广告?所谓交互性,也就是广告和消费者之间信息传递的双向互动。这一概念的提出主要是为了强调数字传播背景下消费者对广告的主动参与代替了以往在广告强势灌输下的被动接收。这是广告变迁中具有颠覆性意义的重要改变。消费者的广告信息传播活动在极大程度上拓展了广告空间,并因消费者的主动性而产生传统广告不可能达到的传播效果。广告要以消费者为中心,深入洞察并整合消费者的认知资源,反映消费者生活中的所思所想,才能将消费者的注意力拉入与广告的互动之中。例如优乐美奶茶在网上建起一个虚拟的优乐美学院,按照大学的布局把行政楼、教学楼、学生宿舍、奶茶馆等建成一个社区,让周杰伦当学院院长。据统计,每天有15万年轻朋友到学院参观,每天页面的浏览总量是65万次。它形成了一个很成功的社区,带来了持续性消费。①

在数字传播背景下,广告围绕“资讯化”和“交互性”两大关键词进行生存形态改变的尝试和探索仍在如火如荼地进行之中。当媒介进入数据库生存的终极形态阶段时,广告数据库将成为广告资讯化和交互性特点得到最大限度发挥的最佳途径,它将是广告在数字传播背景下的终极生存形态。关于这一命题,将在下一章进行详细探讨。

① 吴晓波.混媒时代企业的三张脸[J].广告人,2008(9):33-34.

第三节　数字传播背景下广告的重新定义

在美国学者威廉·阿伦斯的权威广告学教材《当代广告学》一书中，广告的定义是：广告是由可识别的出资人通过各种媒介进行的有关产品（商品、服务和观点）的、有偿的、劝服性的、非个体的信息传播活动。这是我们较早接触到的并且达成共识的广告定义。

此外，美国广告主协会给广告所下的定义为：广告是付费的大众传播，其最终目的为传递情报，转变人们对广告商品的态度，诱发其行动而使广告主得到利益。英国《简明不列颠百科全书》对广告的解释是：广告是传播信息的一种方式，其目的在于推销商品、劳务，影响舆论，博得政治支持，推进一种事业或引起刊登广告者希望的其他反应。

广告的本质是一种信息传播活动，向消费者传递有关商品的信息，以促进商品的销售。综观纷繁复杂的传统广告定义，总结起来基本上不外乎以下七个基本要素：广告是一种信息传播活动；广告是针对群体而非个人的传播；广告是要付费的；广告具有劝服性；广告的对象既包括有形的商品，又包括无形的服务和观点；广告必须展示其可识别的出资人；广告的传播是通过各种媒介进行的。

传统的广告定义是根据大众传播时代的广告运作规律来界定的。而在数字传播背景下，伴随数字技术日新月异的发展和数字媒介的层出不穷，广告的生存形态和运作规律都已发生了改变，传统的广告定义会表现出与现实环境明显的不适应性。它所包含的广告表现形式已远不及现实中广告形式的多样化，它所指涉的广告承载方式也远不能涵盖数字化时代广告更加多元的载体形式。如果现实中的新广告形式无法纳入广告定义的范畴，将会直接影响到广告操作实务和广告基础理论的发展，并不利于广告业的成长。因此，笔者通过分析新广告形态构成要素的变化，对广告进行重新定义。

一、新媒介广告形态的传播特征

在数字传播背景下的广告进入数据库生存的终极形态之前，广告仍会呈现出多样化的新媒介生存形态，有些甚至与传统意义上的广告毫不沾边，但它们又的确是现实中的客观存在。因此，我们有必要在重新审视数字传播背景下具有代表性的新媒介广告形态的基础上，找出新媒介广告形态的传播特征和广告构成要素的变化，这是重新对广告进行定义的前提。

(一)传统广告的大众传播——新媒介广告的分众传播

传统广告是针对大众而非个人的信息传播活动，通常希望通过大众传播媒介将广告信息传播给最广泛的受众。而数字传播背景下新兴的数字媒介具有分众化的传播特点，以它们作为载体可以将广告信息传播给更具个性化的分众，甚至更加精准地传播到个人。例如，博客标志着个人媒体时代的开始，随着很多个人博客尤其是名人博客积聚了超高人气和较固定的阅读群体，很多企业选取与产品关联度高的消费群体所喜爱的博客，付给博客主人广告费用，以他们的博客作为载体投放更加具有针对性的广告信息，通过分众传播提升广告的实际效果。再如，手机已成为应用最为广泛的个人移动通讯载体，利用手机作为信息发布载体，向手机用户发布广告信息的手机广告增长日益迅猛。手机用户可以根据个人喜好选择订阅自己感兴趣的广告信息，将不需要的广告信息过滤，从而使广告能够真正实现面向个人的精准信息传播。这是在以大众传播媒介为主导载体的时代无法实现的广告传播形态。

(二)传统广告的单向传播——新媒介广告的双向互动传播

信息的双向互动是新兴的数字媒介所特有的传播特点，因此新媒介广告改变了大众传播媒介的单向传播方式，它可以与广告信息受众进行交流互动，实现双向互动传播。网络媒体无疑是互动性媒体环境的中坚力量，在网络媒体上发布广告的方式受到广告主的青睐是因为网络广告“不像传统的广告形式那样仅是面对大众进行单向的信息传输，而是着眼于众多单个的受众进行交流互动的沟通与传播”[①]。网络广告的这种互动特性使得消费者在看到感兴趣的广告信息之后，可以直接点击进入广告主网站，对广告产品和其他相关信息产生进一步认知，然后通过对话按钮的点击与网上销售代表进行实时的咨询互动，使疑问及时得到解决。数字电视广告也是广告互动传播实时实现的另一种重要广告形态。美国传播学家托马斯·鲍德温曾就数字电视广告新形式作出描述：“虽然是电视插播广告，却可以鼓励收视者利用家中的终端机

① 舒咏平.广告创意思维[M].合肥：安徽人民出版社，2004：275.

键入要求，以获得更多的信息，犹如将信息‘邀请’进入家中。”①数字电视广告的互动性极具商业运用价值，能够实现从广告信息传播、商品展示到在线订货乃至在线付款等销售服务链上的几乎所有环节。

（三）传统广告的被动到达——新媒介广告的主动搜索

数字传播背景下搜索技术的不断进步，深刻地改变了广告活动的本质，消费者从被动接收大众媒介的广告信息变成可以主动寻求自己需要的广告信息，广告从原来“告诉消费者他们需要什么”转变为“提供给消费者所需要的信息”。因此，以谷歌、百度为代表的搜索力经济凸显出旺盛的生命力和良好的发展前景。搜索引擎已经成为重要的广告载体。搜索引擎广告成为新兴广告形态中上升势头强劲的一种。它是基于搜索引擎平台的广告方式，利用人们对搜索引擎的依赖和使用习惯，在人们检索信息的时候尽可能将广告信息传递给目标客户。搜索引擎大多采取竞价排名的方法，让出价高的企业资讯在关键词的搜索结果中优先显示，这显然是一种不同于传统广告的新广告形态。在实际操作中，还有许多网络推广方式也被纳入广告的范畴之中。例如，百度最初只是用文字链接形成广告与受众之间的直接通道，进行双方信息需求的匹配。而如今它已从文本广告发展到图片、视频互动广告等多种形式，并将广告平台拓展到手机上。百度的互动广告传播已不再是一种具体的媒体广告形式，而是具有文字、动画、声音和视频的复合传播方法。

---

① 鲍德温.大汇流：整合媒介信息与传播[M].龙耘，等，译.北京：华夏出版社，2000：197.

数字化时代更为个人化的传播方式以及消费者的主动搜索，都将使消费者能够更方便地控制广告传播的内容信息和传播渠道，许可营销由此也成为广告在数字传播时代的代名词。其意思是，“当消费者能够控制传播渠道时，他们可以自行选择接收包括广告在内的信息。可以假定的是，消费者发出许可是因为广告客户所提供的产品或服务能够或是在将来有可能为消费者解决问题”①。由此，在广告与消费者的交流互动中，消费者甚至呈现出更加主动和强势的地位。

(四)传统广告的固定接收——新媒介广告的移动获取

基于数字技术的新媒介，从根本上消解了传统媒介信息的线性传播与时间的冲突、信息静态接收与空间的冲突，时空界限的消除使受众能够在任何时间、任何地点得到自己想要的信息。数字媒介终端的这种即时、即地、交互的特性，能够最大程度上吸引受众的注意力、提高受众的参与性。移动已成为广告的一个重要特性。以手机为代表的无线移动终端，成为数字传播环境下广告能够移动获取的重要传播工具。移动广告被普遍认为比桌面互联网广告拥有更广阔的前景。以前手机广告的主要形式是短信，而iPhone等智能手机的迅速流行使发展前景受阻的移动广告找到了真正的增长动力。以手机客户端广告为代表的广告载体正引领着中国广告市场的整体发展潮流。2016年被普遍认为是移动广告的爆发之年，移动广告市场规模甚至超过传统电视媒体广告和互联网网站广告。

① 拉塞尔.克莱普纳广告教程(第十五版)[M].北京：中国人民大学出版社，2005：24.

(五)传统广告的卖方信息——新媒介广告的买卖双方信息

传统广告是由可识别的出资人(卖方)通过媒介传递给消费者即买方的信息。大众传播媒介不是任何个人都能够随时发布信息的平台,它只为广告主服务,通过为广告主刊播广告获取广告收入。数字新媒介则完全打破了受众在大众传播时代不能发布信息的禁锢。通过数字媒介,任何个人都能成为信息的传播者,或扮演新闻记者的角色及时发布身边的新闻事件,或成为评论员对感兴趣的事件评头论足,还包括作为一个消费者发布对商品的需求和售卖信息。

正如黄升民教授所言,"广告已经资讯化,信息传播者和接受者的界限日益模糊,企业发布着资讯并收集着消费者的反馈信息,消费者搜索着需要的资讯并愿意向企业提出建议和意见。"①数字媒介为受众创造了一个可以制造信息和发布信息的空间,在这一平台上,信息是双向流动的,不再有传统意义上的传者和受众。具体到商务信息,生产、供应和销售信息是广告主向消费者传递的广告信息,反之,消费者发布的商品需求信息也是广告的另一种表现形式。基于广告数据库的生存形态而展开的电子商务,就要依赖于买卖双方有关需求和销售的广告信息的发布,并将大量信息储存在数据库系统中,通过数据库挖掘技术找到最为匹配的信息双方,促成交易的达成。

① 黄升民.分与聚:一个潮流五大关键[J].广告大观(综合版),2007(6S):25-26.

二、未来广告的重新定义

从以上对新广告形态的生存特征和传播特征的分析可以看出，数字传播时代广告的内涵的确是扩大了。一些学者在专著中对此也有所提及。例如，舒咏平教授在《新媒体与广告互动传播》一书中，系统提出了广告互动传播概念与理念，在研究新媒体技术与广告互动传播关系的基础上，指出互动一直是广告传播的一种追求，即使在传统媒体上也有一定体现。张金海教授对网络时代广告的界定是："凡在网上发布的有关生产与消费、供应与需求的所有商务信息，都属于网络广告的范畴。"[①]也就是说，网络上出现的大量商务信息，包括卖方的销售信息和买方的需求信息，都是广告新的生存形态。

毫无疑问，在数字传播背景下，广告仍是一种信息传播活动，广告的营销本质属性也仍未改变。但是随着传播环境的变化，这种营销传播活动在运作过程中的一些具体要素却发生了重大变化，主要表现可归纳如下：

其一，广告不再仅仅是针对群体的信息传播活动，也可以是针对个人的信息传播活动；

其二，广告的信息传播通道既可以是大众传播媒介，也可以是个人化的数字传播媒介，还可以是专业化的广告数据库；

其三，广告既是广告主向消费者传递的有关商品生产、供应和销售的信息，也是消费者发布的有关商品的需求或出售的信息；

① 张金海.20世纪广告传播理论研究[M].武汉：武汉大学出版社，2002：177.

其四，广告具有劝服性，但广告资讯化的发展趋势不可阻挡，数据库生存状态下广告的资讯功能和告知功能将得到进一步强化。

基于以上归纳总结，笔者将数字传播背景下的广告重新界定为：由可识别的广告主或消费者通过各种传播渠道公开传播有关生产与消费、供应与需求的商务信息的信息传播活动，它是一个资讯平台，以信息的交流互动、可移动搜索和个性化传达作为其重要特征，完成信息告知的功能。

第四章 数字传播背景下广告的专业化数据库生存

上一章笔者对数字传播背景下广告生存形态已经和正在发生的变迁进行了全面梳理。那么,依据第二章的研究结论,当媒介发展到数据库生存的终极形态阶段时,与媒介唇齿相依的广告又将以何种形态生存下去呢?专业化数据库生存是本书对广告在数字传播背景下的未来终极生存形态的推断。本章将对这一命题进行充分的理论和实践论证。

第一节 互联网交互信息平台上广告生存形态的变革

互动,是互联网发展最重要的关键词。Web2.0 让互联网从泡沫中苏醒,带来了新的风潮。Web2.0 时代的关键词就是:社区、互动、分享和参与。用户不仅能够获取信息,而且能够发布信息,实现共享。Web2.0 让网络信息资源更加丰富。相对于 Web1.0 时代信息通过超链接实现跳转不同,Web2.0 的信息通过在 Web 程序中的标识代码实现站内互通。用户在Web2.0结构的网站中成为网络的中心,拥有属于自己的信息数据,可以对信息数据进行控制和交互。这些功能完全基于网络,通过浏览器实现。在以受众为中心的互动网络空间,广告与受众的沟通方式必然发生改变,以传者需求为中心的广告观念必然作出适应性调整,甚至消费者也会参与广告的制作当中,这一切都将引发广告生存形态的大变革。

一、广告生存形态变革的原因解析

笔者将广告数字化生存形态的演进划分为两个阶段:第一阶段即传统广告的延续和数字化创新,以及各种数字新媒介广告的兴起和广泛应用;第二阶段即广告生存形态的变革阶段,它将与媒介的数据库生存形态相适应,是对以前所有广告生存形态的一次根本性的颠覆和超越。由于广告与媒介密切相连,它一定伴随着媒介的变迁而发生某种生存形态的转变。因此,可以说,传统媒介生存形态的变革——数据库的终极生存形态是导致广告生存形态变革最为直接的原因。如果用更加广阔的视野分析广告生存形态的变革,我们可从达尔文主义范式找到广告生产形态变革的进化理论基础,亦可从消费者对广告需求的改变找到广告生存形态变革的核心推动力。

(一)基于达尔文主义范式的原因分析

根据达尔文主义范式,我们得出一个重要结论:媒介传播技术的进化发展能够推动广告生存形态的演进。人类的第三次重大媒介传播技术革命——数字技术给社会带来的变革发生在“群体”层面，数字技术的进化发展成为广告向数字化生存形态演进的外部机制。根据达尔文主义范式的演化原则，广告生存形态的变革同样遵循其内部机制，即变革是广告基因"变异、遗传和选择"的结果。

互联网是依托数字技术诞生的典型媒介。当广告基因——声音、文字、图像与互联网结合时，变异成为必然逻辑。在互联网上，声音、文字、图像作为广告表现元素的基本功能被遗传下来，但是它们被使用的方式却产生了变异，主要体现在：

其一，声音、文字、图像在数字技术诞生以前，依托各自的媒介载体进行的信息传播量都是有限的，而互联网在信息传输量上具有无限大的容量，声音、文字和图像的使用可以是不限量的，根据广告的需要可以进行无限拓展。

其二，互联网是一种典型的多媒体传播，它整合了报纸、广播、电视三大媒体的优势，可以对声音、文字、图像进行综合处理，实现各种广告传播手段的有机结合。广告各基因优势的综合利用，只有在互联网平台上才能通过基因变异得以表现出来。

其三，互联网通过超文本链接的方式，将无限丰富的信息加以储存和发布，用户可以很方便地通过输入关键词进行信息的检索。这种易检索的特征使得广告信息开始具有被所需用户发现的可能性，无论是文字，还是声音或图像都能以被检索的方式发挥功效，这是传统媒介载体不可能实现的。这一基因的变异方式为广告的生存方式提供了更多选择。

在数字技术时代，上述广告基因的变异为广告生存形态的自然选择提供了必要的前提。广告生存形态的自然选择实质是一种发生于广告行业的社会组织结构中的群体实践和选择行为。当媒介数字化发展进入数据库生存的终极生存形态，当前多样化媒介形态对广告无限兼容的局面将彻底改变，媒介的数据库生存方式将彻底排斥广告的进入。在这种环境中，广告人对于广告生存形态的选择结果必然要经历一个漫长的实践阶段，最终以广告生存形态的变革描绘出适者生存的合理景象。

（二）消费者广告需求的改变：完全信息、移动搜索、互动参与

广告是做给消费者看的，能否满足消费者的需求决定了广告价值的实现与否。特别是在当前的数字传播环境下，消费者作为广告信息受众的主体地位凸显，仍把消费者视为被动接受信息的“靶子”的广告策略必将失去市场。分析消费者对广告的现实需求心理，成为广告选择何种形态生存的必要前提。尤其是在数字技术带来媒介形态改变的背景下，消费者的媒介使用习惯也随之渐渐发生改变，这无疑会影响到他们对广告需求的改变。

笔者认为，无论在什么时代，消费者对广告提供关于商品的完全信息的需求都是不变的。对于某种商品，消费者总是希望从商家那里获得更多、更全面的信息，以便于比较和选择。然而，对于广告来说，提供完全商品信息似乎成为不可能完成的任务。因为广告受到承载媒介时间和空间的限制，必须在有限的时空范围内进行信息传播，因此广告对要传播的商品信息进行精挑细选成为必然，这也决定了一则广告不可能容纳商品的完全信息。但是，有了数字技术，一切变得皆有可能。数字信息的储存和传输具有海量性，这使得广告在数字技术的支持下通过无限的超链接可以实现商品的完全信息传递。这对于广告来说，是一次历史性的突破，必然引发广告生存形态的变革。

互联网和手机作为数字媒介的典型代表，目前已成为消费者普遍使用的媒介。根据国家工信部的统计，2016 年我国手机用户已超过 13 亿，普及率达到 95.5 部/百人。截至 2016 年 12 月，中国网民规模达到 7.31 亿，手机网民达 6.95 亿。[①] 手机已成为人们主要的上网载体。互联网和手机的普及极大地改变着人们的生活方式，对消费者的消费习惯也产生了很大的影响。当消费者需要某个产品或品牌的相关信息时，他们会通过手机上网，随时使用搜索引擎进行广告信息的搜索。因此，移动搜索成为数字传播背景下消费者对广告获取方式的新需求。WAP（一种基于小型无线设备应用的网站，主要面向手机）平台将网络和手机等终端设备融为一体，成为广告信息传播的良好通道。而随着技术的进一步发展，互联网和手机的融合将会更好地发挥移动搜索功能，消费者将为之花费更少的成本，这必将成为广告生存形态变革的又一重要诱因。

在数字传播背景下，去中心化的传播结构、网络传播双向互动的传播特点，为受众自由选择信息和参与信息的制作和发布提供了良好的技术支持。作为广告信息的受众，消费者不仅能够通过搜索自由获取信息，也能够参与广告信息的制作当中。美国网络新闻学创始人丹·吉尔默在《我们即媒介》一书中以博客为代表，提出了个人媒体的概念。“当媒体进入个人时代，网络的发展是以个人为中心，当个人媒体或者媒介生态发展到以个人信息平台为中心，这对于媒介的经营者和管理者以及广告策划者来说是一种桎梏。”[②]如何打破这种桎梏，调动个人媒体参与广告信息制作的积

① 中国互联网络信息中心.第 39 次中国互联网络发展状况统计报告[EB/OL].(2017-1-22)[2017-3-15].http://www.cac.gov.cn/2017－01/22/c_1120362500.htm.

② 刘千桂.众媒介理论——广告解放运动宣言[M].北京:中国传媒大学出版社,2008:60.

极性，或者发动更广泛的网民通过论坛、社区等发表对广告的反馈意见，是在互动的数字时代广告进行生存形态的选择时必须面临的问题，与此同时它也将推动广告生存形态的变革。

二、数字传播背景下广告的终极生存形态：数据库生存

在数字传播背景下，当媒介发展到数据库生存的终极生存形态，当数据库生存成为未来媒介的主要生存形态，广告的生存形态必然发生变革。在传统大众媒介的数字化转型时期，传统媒体的广告也开始借助互联网和手机等媒介，将移动、互动、搜索作为广告生存的前提条件，广告空间得到极大扩展。当前媒介数字化处于大发展的繁荣阶段，数字媒介的多样化和融合化发展成为数字传播背景下媒介生存形态的主要特征。此阶段新媒介广告形式层出不穷，融合广告成为广告生存形态的主流趋势，对传统广告的传承和创新也一直在继续。

然而，当媒介数字化发展到数据库生存的终极生存形态，当前多样化媒介对广告无限兼容的局面将彻底改变，媒介的数据库生存方式将彻底排斥广告的进入。从前受众以容忍广告为代价换取免费信息，而数据库主要以受众通过付费获取更加优质的内容作为生存方式。因此在媒介的数据库生存阶段，付费的受众将排斥广告的存在。例如，当数字电视完成整体转换以后，内容销售将会取代广告收入成为电视媒体的主要收入来源，广告的生存空间受到极大的压缩。可以说，“传统媒体向数字媒体的转型愈是彻底，

广告的生存空间愈是狭小。”[①]这难道意味着广告在媒介的数据库生存时期就要彻底消失了吗？笔者认为，在媒介的数据库终极生存形态阶段，广告的生存形态也面临终极选择——要么通过变革继续发展下去，要么在媒介数据库的强大排斥下销声匿迹。变革，是广告要适应媒介环境的改变继续谋求生存的必由之路。此时，广告生存形态的变革，不再是适应传统媒体数字化转型需要而进行的广告数字化生存探索，也不再仅仅是伴随新数字媒介而诞生的纷繁复杂的数字广告形态，它是对以往所有广告生存形态的彻底颠覆。当媒介的数据库生存排斥广告的存在时，广告应建立自己的数据库。数据库生存，将是数字技术与网络传播背景下未来广告生存形态的变革之路，是未来广告生存形态的终极选择。

广告的数据库生存，意味着广告信息将不再是分散零落、杂乱无章的，不再容易丢失或稍纵即逝，它将以数据库技术为基础，按照数据结构来组织、存储和管理，即使内容再多，也能分门别类、整齐有序地被查阅和使用。下面，笔者将对数据库生存是未来广告生存形态的终极选择这一命题的合理性展开论证。

其一，广告数据库是广告满足消费者获得商品（或品牌）完全信息需求的唯一途径。

广告数据库是专门提供广告信息的平台，根据不同的分类标准将广告信息分门别类。在广告数据库中，关于每一个产品都将提供最完整的产品信息查询，包括产品基本情况、用户使用反馈以及与不同品牌同类产品的性能价格比较和分析等，用户还可以点击相关的广告作品进行欣赏。广告数据库还将对广告信息进行及

① 张金海，王润珏.数字技术与网络传播背景下的广告生存形态[J].武汉大学学报（人文科学版），2009(4)：493-497.

时更新和维护。在数据资源使用和传输的过程中，通过信息的重新组合，还能不断实现媒介信息价值的再造。总之，广告数据库平台的“一站式”信息服务降低了消费者信息搜索的成本，而且通过多种数据结构方式满足不同消费者的个性信息需求，在最大程度上消解了以往广告传播中买卖双方信息不对称的现象，实现了面向消费者的最接近于完全广告信息的传播。

其二，广告数据库是消费者对广告信息实现移动搜索的重要保障。

移动搜索是数字传播背景下消费者对广告获取方式的新需求，而广告数据库为消费者对广告信息的移动搜索提供了重要的技术保障。广告数据库是面向网络应用的数据库，它向用户提供的是动态的和可交互性的信息，即通常所说的 Web 数据库，“就是用户利用浏览器作为输入接口，输入所需要的数据，浏览器将这些数据传送给网站，而网站再对这些数据进行处理，例如将数据存入后台数据库，或者对后台数据库进行查询操作等，最后网站将操作结果传回给浏览器，通过浏览器将结果告知用户”[①]。使用广告 Web 数据库，消费者只需打开接收终端（手机或电脑），登录相应的数据库，就可以迅速完成广告信息的检索任务。广告数据库能够管理网络上复杂的文档型和多媒体型数据资源。只要消费者拥有移动上网终端，就能够随时随地检索和浏览到针对网络特点和要求进行设计的广告数据库资源，获取全面的消费资讯和购买参考。

其三，广告数据库是满足消费者互动交流和商品买卖需求的最佳平台。

---

① 徐保民.电子商务的数据管理技术[M].北京：中国水利水电出版社，2005：119.

数据库能够充分放大数字技术特征，其实质就是一个典型的数字媒介，广告数据库就是一个专门储存和传输广告信息的媒介载体。与传统广告单向传播、大众传播的传播方式截然不同，广告数据库提供了全新的双向互动、供需结合的广告信息传输方式，成为消费者互动交流和进行商品买卖的最佳平台。在广告数据库中，消费者不仅可以查询广告信息，也可以发表对广告商品的使用评价，和他人进行消费体验的交流，甚至还可以为自己想要出售的商品发布广告信息，或为自己想要购买的商品发布需求信息。这些都可通过网络数据库技术在广告数据库中展示出来。因此，在广告的数据库生存状态下，没有永远的买家或卖家，每个人都在进行着广告信息的发布者和接收者的角色转换。数据库的广告生存状态是以人为本的，它符合数字传播背景下消费者消费和售卖的多样化需求。

总之，广告的数据库生存形态符合数字传播背景下消费者对广告的现实需求，这是其合理存在的本质缘由。至于广告的数据库生存在实际的具体操作中究竟该以何种形态出现，是下一节将要解决的核心问题。

第二节　广告数据库生存的核心内涵与具体形态

上节笔者对数字传播背景下广告数据库生存设想的合理性进行了理论上的论证。那么，要将设想变成现实就涉及具体操作的问题，这也是广告数据库生存最为关键的问题。在广告未来发展的实践中，广告数据库生存的核心内涵是什么？有关数据库生存的设想究竟应该如何具体执行？这是本节将要探讨的重要问题。

一、广告数据库生存的核心内涵——专业化

(一)广告数据库的含义和种类

广告数据库,是以数据库方式管理广告信息的一种计算机系统,它将大量广告信息以计算机可识别的数据格式进行加工、整理、存储和管理,供广告信息的需求者查询和使用。

目前较常用的数据库种类是关系数据库和网络数据库。“使用关系模型构造的数据库称为关系数据库。”[①]常见的关系数据库管理系统大部分由美国公司研制,包括 Informix 数据库、Orcale 数据库、DB2 数据库、SQL Server 数据库、Sybase 数据库等,它们各具特点,可根据不同的操作平台以及需创建数据库的规模大小进行不同的管理系统选择。数据和资源共享这两种方式结合在一起就成为广泛使用的网络数据库,它是“以后台(远程)数据库为基础,加上一定的前台(本地计算机)程序,通过浏览器完成数据存储、查询等操作的系统”[②]。网络数据库既能够充分利用大量已有的数据库信息资源,又能使用户在网络浏览器上方便地检索和浏览数据库内容。因此,当广告的可移动搜索性成为数字传播环境中消费者的一种重要的广告需求时,网络数据库应成为广告数据库在创建时首要的种类选择。

---

① 徐保民.电子商务的数据管理技术[M].北京:中国水利水电出版社,2005:27.

② 同①119.

(二)专业化是广告数据库生存的核心内涵

广告数据库的专业化生存包括两层含义:第一层含义是指,数据库以专门提供广告信息作为内容定位,打造专业化的广告信息平台,用以集中满足消费者对广告信息的需求;第二层含义是指,广告数据库建立在对不同行业产品的广告信息进行专业化分类的基础之上,专门针对某一类别产品集中提供相关广告信息和数据对比分析,为消费者购买某类产品提供全面信息参考。例如,汽车广告数据库、饮料广告数据库等。第一层含义所指的广告数据库专业化生存,是广告在数字传播背景下终极生存形态选择的一种宏观描述,在上一章已经进行过详细的论述,此处不再赘述。而广告数据库生存的核心内涵,正是第二层含义所指,即要根据行业类别、产品类别,对广告数据库进行专业化运作,这也是广告数据库在现实操作中能够顺利实施的具体解决方案。

广告数据库应将专业化生存作为核心内涵的理由如下:

第一,广告数据库的专业化生存是确保其提供高质量广告信息和专业便捷服务的重要前提条件。

对于广告数据库的创建者和管理者来说,无论是广告公司还是数据库厂商,都必须从广告主那里获得建立广告数据库的原始广告信息。然而,需要做广告的广告主有千千万万,需要宣传的广告商品更是不计其数,想将它们容纳到一个广告数据库中是不符合实际的。相比较于单个零散存在的广告而言,广告数据库的优势应体现在提供高质量的广告信息和专业便捷的服务上。因此,要确保广告数据库提供全面、准确和及时的广告信息,以及专业的数据分析服务,广告公司或数据库厂商应该首先审视自身所积累的行业资源，选择自身精通的行业或具有相对优势的行业作为广告数据库要涵盖的行业领域，力求做得精深和专业。

第二，广告数据库的专业化生存有利于提高消费者进行广告信息查询的便捷性，也有利于消费者数据库的建立。

广告数据库的专业化生存所引发的激烈竞争一定会让一些较有影响力的行业广告数据库脱颖而出，成为广告数据库中的“品牌”。这样，对于消费者来说，当对某一行业的某类产品有购买需求时，就会主动到这些行业的广告数据库中寻找广告信息，非常便捷。广告数据库的专业性大大降低了消费者搜索信息的时间成本。另外，消费者对于某一行业广告数据库的定向使用，使其消费需求具有明确的指向性，这为依托行业广告数据库建立消费者数据库提供了极大的便利，能够保证获取的消费者数据资源的精准性和有效性。

第三，广告数据库的专业化生存能够为商品交易的买卖双方提供丰富和专业的广告信息，大大促进了交易实现的可能性。

广告数据库的生存方式必然衍生依托广告数据库而展开的商品交易，其实就是电子商务的一种应用形式。IBM公司将电子商务定义为“采用数字化电子方式进行商务数据交换和开展商务业务的活动”①。它是在因特网与传统信息系统的丰富资源相互结合的背景下应运而生的一种动态商务活动。由于计算机技术的发展，信息的储存和数据库技术的进步，数据挖掘技术的实现，消费者无论作为买方还是卖方，其个性化的信息都可以大量地、日积月累地储存在专业性的广告数据库中。由于是以行业为分类的专业

① 孙建红.电子商务案例分析[M].北京：对外经济贸易大学出版社，2008：3.

广告数据库，这就大大增加了买卖双方在同一行业平台上达成一致的可能性。当买卖双方需求相契合的信息通过数据库的处理发送给买卖双方时，就为交易的最终实现提供了最大的可能性。

(三)广告数据库专业化生存的几点设想

针对以专业化作为核心要求运作广告数据库，笔者提出以下几点设想，以期当广告进入数据库的终极生存形态阶段时，广告数据库的专业化生存能够更快地确立成熟稳定的运作方式，能够更好地适应数字技术的传播特点和消费者的广告需求。

其一，作为进行广告宣传的需求方，广告主需要对未来广告的数据库生存形态形成清晰的认识，及时转变广告思路，重新根据广告数据库的特点制定广告战略。例如，不同于以往广告作品中只能突出产品最值得宣传的一面，广告数据库要求收集到产品的完全信息，甚至包括产品不尽如人意之处。如果广告主仍固守传统广告观念，只报喜不报忧，故意对产品缺陷进行隐瞒，就违背了广告数据库的生存法则，长期如此则必会适得其反，落下不讲诚信的骂名。因此，广告主应该在日常生产经营中树立广告数据库的意识，认识到收集产品信息的重要性，在各个环节确保产品信息的记录、整理和更新，为提供产品相关的完全信息做好充足的准备。这项工作应该安排专门的部门负责执行，以随时为广告数据库的建设提供信息服务。

其二，广告数据库的专业化生存必须要考虑到消费者由于对不同产品的参与程度不同而形成的不同消费类型，这决定着有些行业的广告以专业化广告数据库的形态生存的必要性，而有些行业对此需求并不旺盛。例如，同一消费者在购买一辆汽车和一瓶水时参与消费的程度是截然不同的。不同品牌的汽车性能、价格等差异巨大，消费者会高度参与其中，其购买决策过程由一系列相互关联的活动构成，整个过程大体可分为五个阶段：产生需要、收集信息、比较评估、购买决策和购后反应，前后可持续几个月时间甚至更久。而各品牌的水差异甚微，消费者参与度低，可以跳过购买决策过程的某些阶段，从产生需要到购买某一品牌的水，整个过程可以不超过一分钟。可见，当消费者购买汽车这类花费高、需要慎重决定的大件商品时，专业化的广告数据库能够为他们提供详细全面的信息，对其作出购买决定帮助很大。而当消费者购买的是花费较低或临时决定要购买的一些小商品时，他们不会花费太多的时间到专业化的广告数据库中进行信息搜寻，这种情况下广告数据库的利用率会受到很大影响。

因此，广告公司或数据库厂商要针对不同行业对广告数据库的实际需求进行专业化设计，而不是盲目地将金钱和精力投入实际需求并不多的领域。根据品牌的差异程度以及消费者购买的参与程度，消费行为可划分为四种类型：复杂性购买行为、减少失调的购买行为、习惯性购买行为、寻求多样化的购买行为。前两种购买行为消费者的参与程度高，后两种购买行为消费者的参与程度低。那么，与前两种购买行为相关联的行业和商品相较于后者来说，对专业化广告数据库的需求将会更加迫切，它们应该成为专业化广告数据库市场的主要组成部分。

其三，广告数据库的专业化生存不仅要衍生开发出消费者数据库，还要以此为基础平台开展商品交易，推动电子商务的应用。未来广告专业化的数据库生存形态，如果仅仅只是作为一个提供广告信息的平台，无疑会造成很大的资源浪费。一个能够全面提供特定行业及其商品信息，甚至能够囊括特定消费者信息的数据库，不应该仅是一个信息平台，它更应该利用这些全面集中的优势信息，成为一个在某一特定行业领域具有独特优势的商品交易平台。因此，广告数据库的专业化生存还应针对不同行业的产品特点以及消费者在购买时的需求特点进行不同的数据库设计，不仅能满足消费者的信息需求，还能最大限度地满足消费者购买时的心理和行为需求。

例如，若建立一个服装广告数据库，首先要提供各个品牌服装的基本信息，包括品牌介绍、实物图片、面料款式、风格、价格、折扣信息等，然后要提供同价位、同风格或同品牌服装的对比分析，这些都是消费者通过广告数据库进行信息查询时需要获取的内容。但是，消费者若是要通过电子商务方式购买某件看中的服装，他一定还需要知道服装大小是否合适、款式是否符合自己的风格，这就需要专业化的服装广告数据库为消费者提供试穿服务。通过特制的试衣软件为消费者模拟服装上身后的效果，消费者足不出户就能体验到新衣穿在自己身上的效果，就如同逛商场时在试衣镜前欣赏试穿的服装一样，最后根据自身的喜好决定是否购买。目前，真人试衣软件已经应用于市场，它能够根据真人身材尺寸调整三维虚拟人身材，可调节参数包括：身高、腿长、肩宽、胸围、腰围、臀围、大腿粗细、小腿粗细、颈长、颈宽等。这样就能够真实地模拟出在售服装穿在每个不同体型的虚拟人身上的动态效果，可以真实地看出衣服尺寸是否合身、衣物穿着的效果等，突破了网络购物无法试穿的瓶颈。随着 AR、VR 等科技手段的不断进步，能够为消费者提供更优化体验服务的软件会越来越多。在专业的广告数据库中嵌入这些软件，能够满足消费者购买时的心理和行为需求，促进电子商务的发展。这实质上也是广告数据库在功能上的拓展和升级。

二、广告数据库生存的具体形态

(一)广告数据库运作形态解析

在传统广告市场，广告主、广告公司和媒体是广告生产的三大构成主体。广告主是广告制作的需求方，广告公司是广告制作的执行方，媒体是广告的发布方，三者分工明确，各司其职。然而，当媒体发展到以数据库为主要生存形态的阶段，它会将广告排斥在外，这样媒体将不再承担广告发布主体的角色。当广告为适应媒介环境的改变而选择数据库的终极生存方式时，将由谁来进行具体的运作和实施呢？

图 4-1 是对广告数据库运作方式的简要概括：

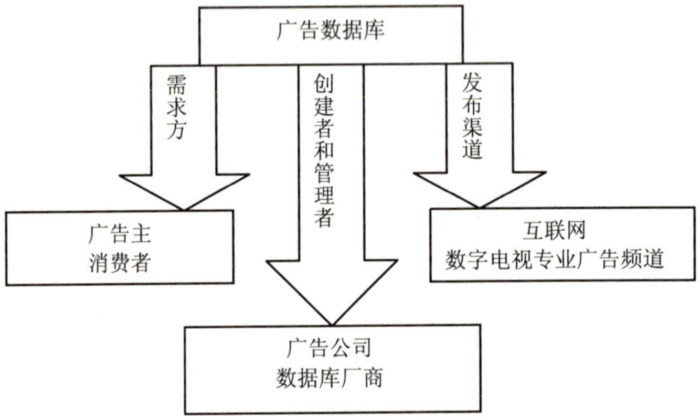

图 4-1　广告数据库运作方式

毫无疑问，在广告的数据库生存阶段，商品的厂家即广告主进行广告宣传的需求和消费者进行商品信息搜索的需求始终不会改变。那么，将由谁来为广告主创建广告数据库呢？笔者认为有两种可能的创建主体：一是广告公司，二是专门的数据库厂商。

广告公司在数字传播时代要适应广告数据库生存的需要，就必须进行业务的变革。广告公司不仅要能提供广告作品的创意和进行广告的制作，还要成为广告数据库的创建者和管理者，成为广告数据库的专门制作机构。在广告数据库的制作过程中，由广告主提供关于产品的完全信息，广告公司则要运用数据库技术对各种广告信息进行数据的组织处理，以满足消费者的各种个性化需求。而数据库的制作水平则在很大程度上决定了消费者的使用频率，从而决定了广告信息的传播效果。

另一种可能，即随着数据库在信息服务业中支柱地位的确立，数据库产业必将不断发展壮大，一定会出现一批具有相当实力的数据库厂商。正如当前一批专门的数据库厂商为新闻媒体开发多媒体数据库一样，当广告以数据库形态作为主要生存方式时，也必将有大批数据库厂商进军广告数据库领域，成为广告数据库的创建者和管理者。

广告数据库制作完成之后，通过怎样的载体发挥其功效呢？笔者认为，广告数据库的发布渠道主要有两个：其一是互联网，其二是数字电视专业广告频道。

广告数据库以网络数据库作为主要生存类型，那么它和互联网必然密不可分。广告公司可以在互联网上为广告数据库建立专门的域名，与全球主要的搜索技术提供商建立合作关系，让消费者通过搜索引擎能快速搜索到需要的广告数据库并进入查询；或者在广告主的公司网站上设置广告数据库的链接，使消费者在查找产品信息时能通过链接进入相关数据库了解全面的广告信息。

数字电视的发展和电视频道的专业化走向是同步进行的。而数字电视专业广告频道，其实质就是广告数据库。一些西方国家早已进行过广告专业化频道的尝试。例如，英国在2004年就开辟了广告专业频道，将各种各样的广告汇集在一起，按照不同的主题分类播放。这和广告数据库的构想具有异曲同工之妙。在我国，从2003年开始，随着有线数字电视试点的全面启动，家庭信息平台被设定为数字电视发展的方向。“(广播影视)数字化使每个家庭都可拥有一个集公共传播、信息服务与文化娱乐为一体的多媒体信息平台，使广播影视成为家庭通向社会的一个窗口，成为实现社会信息化的一个平台。”[①]在这个家庭信息平台上，提供广告信息也是其中的一个重要功能。而针对数字电视的传播特点创建适合的广告数据库，并利用专业广告频道这一平台进行发布，是消费者通过固定接收终端获取广告信息最为便捷的途径。

(二)利用广告数据库开展数据库营销

根据著名营销传播大师舒尔茨的解释，数据库营销是指企业利用数据库技术，通过搜集和积累消费者大量的信息，经过处理后预测消费者有多大可能去购买某种产品，以及利用这些信息给产品以精确定位，有针对性地制作营销信息，达到说服消费者去购买产品的目的。与以“广而告之”为特征的传统大众营销不同，数据库营销是企业通过管理客户信息，实施个性化的客户沟通策略，从

① 张海涛.全力推进广播影视的数字化——在全国广播影视局长会议上的讲话[J].现代电视技术，2003(9)：14-19.

而提升客户价值和企业赢利水平的新一代营销方式。在当前激烈的市场竞争中，越来越多的企业走上了数据库营销的道路。

数据库营销一般要经历数据采集、数据存储、数据处理、寻找理想消费者、使用数据、完善数据等六个基本步骤，其核心是对数据的挖掘和处理。当广告进入数据库生存阶段，消费者对广告数据库的主动搜索和使用，为广告主搜集消费者信息提供了极大的便利。不同于之前企业为获取消费者信息要进行大海捞针式的消费者调查，广告数据库的生存形态使得消费者主动“暴露”在企业面前，而且特定的搜索使他们是某种特定产品潜在消费者的身份确定无疑。企业要善于利用广告数据库的优质消费者资源，在此基础上建立消费者数据库，为数据库营销奠定坚实的基础。在广告数据库建立的过程中，应同时将消费者数据库的建设考虑其中，通过科技手段确保消费者信息数据的采集和整理。例如，在消费者使用数据库之前进行基本信息的采集，还可以通过消费者搜索过程中输入的关键词来把握消费者对某种特定产品的个性化需求。诸如此类的方法都可以通过电脑的数据分析最终勾勒出消费者模型，成为企业数据库营销成功的前提。

笔者认为，在数字传播背景下，当广告进入数据库生存的终极形态阶段，广告数据库与数据库营销将彼此互为基础，形成互不可分的紧密联系。因此，无论在何种情况下，对广告数据库的运作和管理，都必须将数据库营销的需求考虑其中，这对于企业来说可谓一举两得。

第三节　广告专业化数据库生存的赢利模式

赢利模式是指企业在市场竞争中逐步形成的企业特有的能够赢利的商务结构及其对应的业务结构。作为广告数据库的创建者和管理者，无论是广告公司还是专门的数据库厂商，能够从广告主那里获得的仅仅是一次性的报酬支付，这对于维持数据库的长久生存和发展来说是远远不够的。作为专门经营广告数据库的企业，更应该形成稳定的赢利模式，以便有足够的资金投入来维持日常业务的正常运行和持续发展。可以说，赢利模式决定着企业财富价值的等级，决定着企业核心竞争力价值的高低。无论企业规模有多大，如果找不到合适的赢利模式，在市场中就注定是过眼烟云，只能昙花一现。对于未来数字传播背景下广告的数据库生存，也必须要以数据库厂商的持续发展作为生存的前提，那么对于广告数据库生存的赢利模式的探讨就成为一个不能回避的重要话题。

一、基于内容销售的赢利模式

广告数据库生存的首要赢利模式是内容销售。数据库是信息服务产业中的重要支柱，而广告数据库通过网络搜索或数字电视终端集中呈现各行业各类产品的完全广告信息，独特的内容信息优势和便捷的信息获取方式为其市场需求提供了强有力的保障。原因在于，对广告信息的需求是人类经济生活的必需，而全面详细的广告信息和品牌对比分析更是能为人们在购买重要商品时提供贴心的服务，这使消费者对广告数据库的需求成为必然。而且，随着数字技术在人类日常生活中的广泛渗透，信息获取的随时性和便捷性也成为消费者的普遍需求，而广告数据库的网络生存方式恰恰能满足这种需求。因此，广告数据库是有消费市场的，基于内容销售的赢利模式是能够成立的。

毋庸置疑，基于内容销售的赢利模式的核心是广告数据库的内容建设。只有在内容上做到市场领先地位，才能够利用内容优势开展数据库的内容销售，从而为企业创造利润。广告数据库的优势信息内容资源的深度开发主要从两个方面体现：一是广告信息内容的深度开发。广告数据库的专业化生存意味着数据库所提供的广告内容与当前的广告信息截然不同。它提供某一行业同类别不同品牌产品的全面信息，包括品牌介绍、产品介绍、销售行情、促销信息等一系列消费者所需的信息内容。除了这些基本内容，数据库还发挥独特的数据组织、编辑和处理功能，通过专业化软件进行各个品牌同类产品的性价比分析以及其他相关指数的对比分析，根据消费者购买产品时货比三家的消费心理进行基础内容信息的深度开发，满足不同消费者的个性化需求。二是消费者信息内容的深度开发。广告数据库的专业化生存为消费者数据库的建立提供了很大的便利。商家在激烈的市场竞争中，能否准确掌握消费者信息是竞争成败的关键环节。因此，消费者信息内容必有其销售市场。数据库厂商完全可以利用程序的设置，例如基本统计信息的采集、关键词输入分析等，在消费者对广告数据库进行主动搜索时完成消费者信息的收集工作，并根据消费者对某一品牌页面停留的时间或点击某一页面的次数等统计指标，对消费者的信息阅览情况进行深入精确的分析，从而获取更多关于消费者消费需求和消费喜好的内容资料，整理加工后打造成为极具商业价值的消费者信息数据库。

广告数据库在广告信息内容和消费者信息内容两个层面的内容开发，决定了其内容销售的赢利模式主要依赖于两类购买主体：一是针对消费大众的广告信息内容销售，二是针对企业的消费者信息内容销售。广告数据库的内容可以进行多次售卖。只要广告数据库能够切实满足消费者对商品信息的需求和企业对消费者信息的需求，这种内容销售的赢利模式就具有稳定性和持久性。

广告数据库基于内容销售的赢利模式，可以有两种经营方式：其一是独立经营，其二是合作经营。数据库厂商应该根据企业自身的资源优势和特点选择适合自己的经营方式。

(一)独立经营

选择独立经营方式的数据库厂商往往比较有实力，完全可以自主进行广告数据库平台的创建、管理和商业运作。这类数据库厂商首先需要具备相当的经济实力，甚至需要吸引必要的风险投资，以保证数据库建设在人才、技术、设备等各方面的资金投入；然后需要根据自身的资源优势确定数据库内容的专业化方向，树立在某一个或某几个相关领域做大、做强的目标。它需要数据库厂商与相关行业的各品牌企业建立良好的合作关系，因为他们是数据库内容建设的信息源头，是保障数据库内容正常运作和更新的基础。

(二)合作经营

除了少数几家实力强大的数据库生产企业,市场上还有更多的中小型数据库厂商需要生存。合作经营成为一种实用的经营方式。合作经营的广告数据库厂商可以联合不同的广告数据库运营商,共同进行数据库平台的创建、管理和商业运作。不同数据库厂商往往各有所长,在各自精通的领域已经打下比较牢固的基础。它们可以基于自身的特点和优势,选择相关联的行业或领域共同投资创建广告数据库,为消费者提供独具特色的内容服务,实现仅依靠一家的努力无法达到的经营效果。

二、基于电子商务的赢利模式

前文已经提及,广告数据库的专业化生存方式将衍生依托广告数据库而展开的商品交易,即电子商务的一种应用形式。电子商务通常是在因特网开放的网络环境中,买卖双方不相谋面的情况下实现交易的一种新型商业运营模式,讲求的是在网络销售中获得商业赢利。以广告数据库作为交易平台开展的电子商务的特殊性在于,它专门为促成某一个或几个行业领域的产品实现网上交易而设计,数据库的海量存储能够为商品交易的买卖双方提供丰富和专业的广告信息,大大增加了网上交易实现的可能性。随着广告数据库电子商务的业务结构的形成,基于电子商务确立除内容销售外的另一种赢利模式,就为广告数据库的生存发展开拓出另一条资本积累的路径。

广告数据库基于电子商务的赢利模式,具体来说是一种数据库企业作为中介商的经纪模式。这种经纪模式是“指企业作为市场的中介商，通过虚拟的网络平台将买卖双方的供求信息聚集在一起，协调其供求关系并从中收取交易费用的商业运作模式”①。数据库企业最大的优势在于通过网络平台提供广告数据库，而以专业化作为生存基础的广告数据库具有特定的行业特色，专门为消费者提供某一个或几个行业的最全面、最权威、最及时的广告信息，具有明确的信息指向性。这对于商品交易的买卖双方来说都是一个最省时、省力的平台。如果通过一个综合性的电子商务网站进行交易，例如亚洲最大的综合购物网站淘宝网，作为买方的消费者首先要通过关键词搜索到有自己所需商品的商家或店铺，然后要在不同的商家之间就质量、价格、服务等方面进行繁琐的比较，而且要面临由于商品并不完全的广告信息或商家故意对瑕疵的隐瞒而带来的购买风险，在整个购买过程中其实并不能做到完全放心。而对于卖方来说，因为担心自己的店铺在浩如烟海的网站信息中被湮没，总要想方设法积聚人气，提高信用度和交易数量，努力让自家店铺排在搜索结果的前列，以获得更高的点击率，从而为实现销售奠定基础，在激烈的网络竞争中求得生存。这种综合性的电子商务网站给卖方带来的消费不确定性和生存压力是现实存在的。

对于买卖双方来说，以专业化的广告数据库作为基础资源搭建的电子商务平台能够解决诸多现实问题，排除交易时的后顾之忧。其一，广告数据库的专业化运作能够为买卖双方增强交易的确定性，因为只要进入这个数据库的消费者，其目的就是为了购买

① 孙建红.电子商务案例分析[M].北京：对外经济贸易大学出版社，2008：19.

某个特定行业的商品，这样买卖双方都能做到心中有数；其二，广告数据库海量存储的商品信息能够满足消费者获取完全信息的需要，同时数据库的生存方式也要求卖方必须提供真实全面的商品广告信息，不存在刻意隐瞒和弄虚作假的商业环境，完全透明的信息沟通让买卖双方都减轻了不少心理负担；其三，作为中介商的数据库企业，在买卖双方的交易过程中承担各种必要的协调、担保和监督工作，双方的个性化信息都可以大量地、日积月累地储存在专业性的广告数据库中。一旦买卖双方提供的信息达成高度契合，数据库系统的程序设置就会进行自动提醒并促成交易，不仅为交易双方节省了大量的时间成本，也将交易风险降到了最低。

由于专业化的广告数据库的内容信息都来自同一行业领域的不同商家企业，那么利用广告数据库作为电子商务平台的便利条件进行商品交易就成为各企业网络营销的重要策略。数据库专业化领域内的商家企业成为这一电子商务平台的卖方。而买方则可以分为消费者个人和企业两种类型。这样就形成了企业对消费者个人和企业对企业两种电子商务模式。鉴于数据库服务的主要对象是作为广告主的企业，另一种常见的消费者个人对个人的电子商务模式，在以专业化的广告数据库作为基础资源搭建的电子商务平台上成为主流的可能性并不大。笔者认为，虽然两种电子商务模式有所区别，但这种赢利模式所包含的赢利点大致相同。

（一）向用户收取店铺费、商品登录费、交易服务费等费用

数据库企业利用专业化的广告数据库建立电子商务交易平台，应针对交易平台的使用建立会员制，只对注册会员提供交易服务。用户通过虚拟的会员名、邮箱地址等信息进行免费注册，以便

于数据库企业作为中介商对买卖双方用户的协调和管理。对于卖方企业，数据库会提供多种数据服务，包括提供网上店铺、多种店铺装修方案、图片存储空间、有关商品的广告信息从广告数据库中随时调入、信用等级的积累、支付担保等多项在线商品交易必不可少的环节；而对于买方的消费者个人和企业团体，数据库除了利用自身优势提供全面的商品广告信息，还要确保消费者购买信息的准确性、物流配送的及时性和网上支付的安全性。因此，数据库企业向买卖双方收取一定的服务费用，是确保数据库电子商务交易能够顺利进行且更好地服务于买卖双方的基本保障。

当然，如果数据库企业的实力足够强大，针对消费者个人和卖方企业也可以实行一定的优惠和免费政策。因为在个人消费者的潜意识里有网络免费的观念，且他们在进入广告数据库时已经有过一次内容消费，如果再针对网络交易实施二次收费，可能会带来个人消费者的抵触情绪，并不利于电子商务业务的开展。而卖方企业在数据库厂商为其创建广告数据库时也已经付费，因此可以实施一些优惠策略吸引卖方企业在广告数据库中创建网上店铺，促进电子商务平台被充分利用起来以获得利润。对于数据库厂商来说，为买卖双方提供免费的交易服务是有可能实现的，因为通过第三方支付平台获得的资金流进行资本操作，也能为其带来可观的利润。

（二）通过第三方支付平台获得的资金流进行资本操作赢利

这是淘宝网的第三方支付平台——支付宝的赢利模式带来的启发。支付宝的应用可谓是淘宝网成功运营的重要策略之一，它扫除了困扰电子商务的一个重大障碍——支付的信用问题。支付宝是专门针对网上交易推出的安全付款服务，其运作的实质是以支付宝为信用中介，在买家确认收到商品以前，由支付宝替买卖双方暂时保管货款的一种增值服务。天猫在2016年“双十一”当天的成交额高达1,209亿人民币，平时每天也有几百亿的成交额，而且还有很多用户将交易费用长期存放于支付宝账户中，由此可以估算出支付宝系统中稳定而庞大的现金额。利用这笔长期存放在自己口袋中的资金进行放贷、投资等一系列金融资本操作，对于对交易双方实施免费策略的淘宝来说，无疑是其赢利的重要手段。

数据库企业利用专业化的广告数据库建立电子商务交易平台的同时，还必须建立一个类似于支付宝的第三方支付平台作为信用中介。第三方支付平台能够发挥双重功效，一方面降低交易双方受骗的风险，另一方面为数据库企业承担着融资的重任。融资的金额将随着交易量的增加而逐步增多，随着用户数的增加而增加。它已不仅仅等同于一般的现金流，实质上更像在履行银行的职能，利用融资进行资本操作，获取丰厚利润。相较于向用户收取交易服务等费用，这种赢利模式让数据库企业具有更多自主性，并能获得更大的发展动力，应该作为其主要的经营模式进行深入挖掘和探索。

第五章　数字传播与广告产业形态的演进

传统广告产业以广告业务为核心。当数字传播背景下广告的生存形态发生改变时，传统广告产业也必然面临一场深刻的变革。广告产业的转型、升级和发展等问题成为研究中的热点。然而，产业形态演进是产业发展的基础。只有以对产业形态的深入研究作为前提，才能更好地把握产业发展特征，为产业的转型和升级作出符合现实需求的理性选择。关于广告产业的研究，笔者也将遵循这一研究路径，在本章对数字传播背景下广告产业形态的演进进行专门探讨。

第一节　数字传播技术对传统广告产业形态的影响

广告产业的含义有狭义、广义之分。狭义上的广告产业，一般指从事广告经营活动并从中获取利润的专门化行业，即通常所说的广告公司。广义上的广告产业，指“代理广告业务或提供相关营销传播服务的广告公司与承揽并发布广告的广告媒介在同一市场上的相互关系的集合”[①]。它包括广告主、广告公司和广告媒介三大主体。本书指的是广义上的广告产业。“产业形态有着丰富的内涵,每一产业类型均存在特有的生成、发展规律。”[②]笔者将从广告公司业务形态、广告产业结构状态和广告产业发展业态三个方面对数字传播技术对传统广告产业形态产生的影响进行分析。

一、广告公司业务形态:从单一到多元

广告业普遍推行的广告代理制使广告公司居于广告经营活动的核心。广告公司在广告产业中占据主导地位,意味着广告公司的生存形态是广告产业形态的一个重要组成部分。广告公司选择何种生存形态,与其经营业务密不可分。沿着全球范围内广告公司的业务发展脉络可以发现,广告公司业务代理的角色一直没有改变,但是代理的业务却经历了两次重大转型,促成了广告产业的两次重大升级。

广告公司从无到有、广告公司业务从单纯的媒介代理到综合业务的专业化代理,标志着广告产业第一次重大转型和升级的完成。广告产业的第一次重大升级具有两大特点:一是具有现代意义的广告公司相继出现,推动广告业发展成为独立产业;二是广告公司的核心业务集中于广告代理服务领域。广告产业第二次重大转型和升级的背景是数字传播技术兴起后整合营销传播出现新需求。以美国为代表的欧美广告业在整合营销传播代理的实践中成

① 张金海,程明.新编广告学概论[M].武汉:武汉大学出版社,2009:269.

② 王国平.产业形态特征、演变与产业升级[J].中共浙江省委党校学报,2009(6):105-112.

功实现战略转移，将产业经营领域由广告代理服务拓展到整合营销传播的多个领域，包括企业管理与营销咨询、公关、媒介购买、促销、市场调查、网络营销、事件营销等，由此促成广告产业的第二次重大转型和升级。广告产业第二次重大升级的特点表现在：其一，欧美发达国家的广告公司在业务种类扩张基础上逐渐转型为大型广告集团，并将业务范围拓展至其他国家，形成跨国广告集团；其二，广告公司的核心业务从广告代理过渡到整合营销传播代理，而在整合营销传播代理中，广告仍然占据着最为重要的地位。

数字传播技术促使广告产业进行第二次重大转型的需求更加紧迫，进程进一步加快。数字传播技术导致全球营销传播环境的改变：全球经济一体化引发国际贸易和全球传播的营销需求，数字技术促进媒介形态和传播形态的变革，媒介市场和社会阶层细分导致企业营销策略的调整，企业集团化发展加速新的经营战略的制定。整合营销传播的现实需求迫使广告公司的业务领域从广告拓展到营销咨询、促销、公关等多个领域，同时各类专业化公司也加强了市场争夺。大量的专业管理咨询公司、公关公司、形象策划公司等展开了对营销传播业务的全面争夺。

另外，随着新兴数字媒介的不断涌现，广告主注意到新媒介对消费者的渗透力和影响力，尝试着利用传统媒介和新媒介相结合的方式进行产品宣传，新媒介广告在市场中的地位日益突出，由此催生了一批专门从事新媒介广告代理的广告公司。由于企业网站、网络营销、电子商务、客户关系管理以及数据库技术这些营销手段已经被广泛运用于企业经营活动中。因此，广告公司要想在数字传播时代更好地满足广告主的营销需求，就必须精通更多的新媒介技术，进行数字媒介广告平台和资源的开发，这样才能获得更大的可持续发展的空间。如果从消费者的角度出发，广告公司则要探索如何在数字媒介搭建的平台上运作资讯，满足数字传播时代消费者对广告资讯化和交互性的需求。

二、广告产业链:原有格局被改变

产业链理论源于亚当·斯密关于企业内部分工的论断，他认为产业链是生产企业的内部活动，是把采购的原材料和零部件通过生产和销售活动传递给零售商和用户的过程。马歇尔把企业内部分工扩展到企业与企业之间，强调企业之间分工协作的重要性，这是产业链理论的真正起源。“产业链是同一产业或不同产业的企业，以产品为对象，以投入产出为纽带，以价值增值为导向，以满足用户需求为目标，依据特定的逻辑联系和时空布局形成的上下关联的、动态的链式中间组织。”[①]广告产业链是以广告服务为核心，因广告的供需关系围绕在广告产业及其衍生产业周围的各企业按照特定方式联系起来的链式中间组织。广告产业链由广告主、广告公司和广告媒介三大主体构成(见图 5-1)。

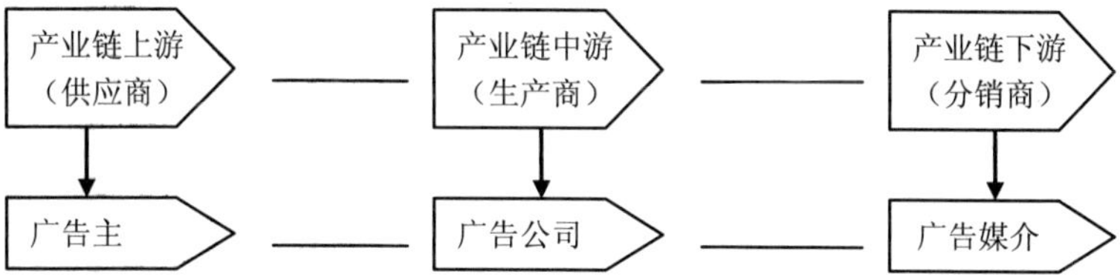

图 5-1　广告产业链主体构成示意图

① 刘贵富.产业链基本理论研究[D].长春:吉林大学,2006:21.

广告主处于链条的上游位置，是广告产业链的源头。因为一切广告活动的开展都是源于广告主对广告的需求，他们要通过广告达到营销的目的。对于广告公司来说，广告主开发的产品及其所掌握的产品信息是最为重要的广告资源。从这个角度来看，广告主成为广告资源的供应商是毫无疑问的。

广告公司是广告市场的主体，它利用广告主提供的广告资源进行广告的生产，并负责广告在媒介上的发布，是连接广告主与媒介的重要纽带，因此在广告产业链中处于中间位置。广告公司有综合性和专业性之分。这里主要是针对综合性广告公司而言。对于专业性广告公司来说，它们会因所处专业领域的不同而与处于产业链中游的综合性广告公司形成不同的关联形态，由此向产业链上游或下游衍生。例如，专业的媒介购买公司专门进行媒介代理，因此处于下游位置。

媒介是广告传播的载体，也是受众接触广告信息的终端。任何广告信息只有到达目标受众才能实现其传播价值，这其中媒介的渠道作用不可或缺。因此，广告媒介是广告产业链的价值实现环节。媒介作为广告传播的载体，将广告信息“分销”给受众，成为产业链中居于广告公司之后的下游环节。

数字传播时代的市场运作特征导致广告产业链发生变化。在产业链上游，广告主大量削减广告预算，广告资源供应相对减少。同时，依托数字技术诞生的如楼宇视频广告、公交视频广告、搜索引擎广告等多种新媒介广告形态的盛行，催生了大量相关的专业化新媒介广告代理公司，它们分割了大量原本属于广告公司的业务。在产业链下游，出现很多实力雄厚的媒介购买集团。尤其是我国加入 WTO 以后，许多国际大型广告集团都在中国成立了媒介购买公司。它们凭借雄厚的资金实力，通过大批量购买以获得价格优惠，形成媒介资源垄断格局，大量分割广告公司的媒介代理业务，由此严重压缩了广告公司的利润空间。媒介购买集团甚至成为产业链的主导，获利最为丰厚，极大地改变了原有产业链格局。原本处于产业链中游、走自有资本积累发展之路的传统广告公司，在产业链中的位置变得更加靠后，利润更加微薄。广告产业链上、中、下游的活动主体必须改变以往的生存状态，为重新获得市场均衡而建构新的产业链条。

三、广告产业发展业态：业态边界模糊化

当我们用发展的眼光看待广告产业形态时，就不能忽视当下全球范围内广告产业集群的发展业态。国际上已经形成纽约、伦敦和东京三大广告业中心。美国纽约麦迪逊大道、伦敦苏荷区广告村是广告业集群的典范，且广告集群表现出世界级广告中心从美国向英国转移[①]的趋势。我国也已经形成广州、上海和北京三大广告公司集中地。“产业集群是指在某一特定领域，一群在地理上临近、有交互关联性的企业和相关法人机构，并以彼此的共通性和互补性相联结。”[②]广告产业集群的概念更加明确，它的范围限定于广告产业这一特定领域，特指与广告产业相关的各企业、部门在地理上的集聚。具体来说，“是指在广告市场中，以广告产业为核心，与广告业联系密切的其他产业（以传媒业和处于广告主位置的相关产业为主）以及相关支撑机构（如广告行业协会、工商行政部门、

① 徐卫华.新广告学[M].长沙：湖南师范大学出版社，2007：194.

② 波特.竞争论[M].陈小悦，译.北京：中信出版社，2003：210.

大学教育机构等)在空间上集聚,并通过广告产业内部以及广告产业与其他相关产业之间的良性竞争和有机整合,提升竞争力的现象"①。

集群化是中国广告产业发展的战略选择。中国广告产业一直处于高度分散和弱小的状态,"低集中度"已使中国广告产业由知识密集型、技术密集型、人才密集型的高利润产业沦为劳动密集型的低效率产业。而"泛专业化"问题严重消解了广告产业的核心竞争力。低集中度与泛专业化这两大核心问题造成了中国广告产业发展的严重危机。建立广告产业集群可以弥补中国广告产业由于低集中度导致的规模化不足的缺陷,也能为解决泛专业化问题提供一个良好平台。它是实现中国广告产业的整体改造和升级的必经发展路径。

数字技术引发的产业融合在营销传播领域的实践导致传统广告业态边界模糊,广告产业融合趋势明显。广告产业集群开始在产业融合的大趋势下寻求更好发展。技术创新是产业融合的动力。数字技术在不同产业间的扩散和应用引发了溢出效应,导致技术融合;而技术融合又消除了不同产业间的技术进入壁垒,使不同产业形成相同的技术基础,产业技术之间的传统边界趋于模糊,甚至逐渐消失。因此,在数字技术推动下的产业融合时代,广告产业也正在经历与其他产业的融合过程,呈现出产业形态的规律性发展特征,成为推动广告产业发展的内在动力来源。

---

① 邓敏.我国广告产业集群现状分析[J].当代传播,2008(1):94-95.

第二节　数字传播背景下广告产业形态的转型

实现广告产业升级是当前广告产业发展的核心话语。产业升级是一个系统工程，其中优化产业形态是促进产业升级不可或缺的重要组成部分。而产业形态的发展具有其内在规律性，这一规律性在产业形态为适应现实生存环境的变化而作出的适应性调整的过程中体现出来。广告产业形态的演进亦是如此。当人类文明步入数字传播时代，广告已体现出更加多样化的生存形态，甚至将会出现颠覆性的变革，这一重要变化将直接导致以广告业务为核心的传统广告产业形态经历重大转型。在数字传播背景下，随着广告生存形态的改变，广告主、广告公司和媒体的广告策略都将作出相应调整，引发广告产业链以及广告公司价值链的变化，从而推动整个广告产业形态的重构与升级。本节将主要探讨数字传播背景下广告产业形态转型的问题。

一、广告产业的重新定位：信息服务业

广告产业形态的转型是在广告产业重新定位的前提条件下进行的。在我国，传统广告产业一直被定位于服务业，即为广告主提供广告服务。服务业的产业定位使广告业在运作和发展中具有较强的依赖性。这种依赖性主要体现在两个方面：其一，广告公司对广告主的依赖。既然是为广告主服务的，就要听从广告主的需求，很多方面都要受到广告主的制约，广告公司因此显得缺乏主动性

和创造性,“把广告策划和创意当作广告代理的最高境界”[①]。这样的广告产业只是广告主经营活动的策略工具,还没有上升到企业的战略层面,缺乏独立生存的根基。其二,广告公司对媒介的依赖。媒介在广告产业中一直处于强势地位,广告公司的媒介代理甚至出现“零代理”和“负代理”的反常现象。我国发展较好的广告公司多数是资源型广告公司,依赖优质的媒介资源谋求发展。服务业的从属性和依赖性决定了广告产业链中广告公司居于上游广告主和下游媒介之间,彼此界限分明。

随着数字技术的飞速发展,信息传播的环境已经得到极大改善。在数字传播环境下,广告产业信息服务业的本质属性逐渐体现出来。广告产业通过信息生产、信息传播和信息服务实现赢利,尤其当广告成为人们获取各种与生活需求相关的资讯平台时,广告业理所当然地成为信息服务业中的重要组成部分。

广告产业信息服务业的定位对广告公司原有运作方式形成冲击。广告公司开始积极探索如何进行融媒营销,即如何在多样化形态的媒体平台上运作广告资讯,如何获取消费者更多的注意力资源,使广告以资讯形态更好地融入消费者的生活层面。广告公司运作核心思想的改变带来广告产业形态的转型。作为融媒营销的先行者,曾担任广东平成广告有限公司董事长的吴晓波认为:“现在媒体结构已初步形成十大平台,包括电视联播网,广播协作网,区域报业混媒平台,杂志精准营销平台,分众媒体平台,全国铁路、公路、航空、户外资源媒体网和移动互联网。”[②]通过对这些媒介

① 张金海,黄迎新.广告代理的危机与广告产业的升级与转型[J].广告大观(综合版),2007(6):30-32.

② 吴晓波.混媒时代企业的三张脸[J].广告人,2008(9):33-34.

平台的利用和整合，广告公司应以市场、资本和知识三种资源做好战略整合规划，让市场开发、资本运营和知识创新高度互动，成为资讯的运作者、整合者和传播者。广告产业形态的转型随着广告公司主营业务和运作方式的改变而展开。

二、广告产业形态的转型——“大广告产业”

在数字传播背景下，以广告为工具整合其他营销传播手段是广告未来的发展趋势。当前，除广告外，企业需要的其他营销传播手段的服务还没有完全推广起来。只有在营销传播领域一直占据主导地位的广告产业发展得更为成熟。国外学者的相关研究也表明，“广告公司的经理们认为，广告公司比其他营销传播代理商更会采用多种营销传播工具”[①]。因此，广告发展趋势必将以广告为工具整合其他营销传播手段，广告代理业战略转型的核心是以广告产业整合企业营销传播服务的相关领域，真正为企业提供整合营销传播代理。广告业将成为整合营销传播的核心产业。

产业经济学的产业融合理论认为，随着产业融合的发展，包括产业组织、产业结构和产业布局等在内的整个产业形态将发生根本变化。因此，伴随广告产业作为整合营销传播的核心产业角色的确立，在广告业引领下的产业内相关业务领域的融合将逐步形成，广告产业形态也必将发生重大改变。

美国学者凯文·曼尼在1995年出版的《大媒体潮》一书中提出“大媒体(megamedia)”的概念，随后美国出版多本关于大媒体产业

① 何佳讯，丁玎.整合营销传播范式下的西方广告公司组织变革[J].外国经济与管理，2004，26(1)：44-47.

的著作[①]。其所指的“大媒体”实质上就是媒介与其相关产业的融合。“产业融合就是指原先处于产业分立状态的两个或者两个以上的产业，由于技术、市场、服务和管制等因素的推动，其产业边界逐渐模糊乃至消失，其市场和服务逐渐取向融合的一种产业现象。”[②]傅玉辉在《大媒体产业：从媒介融合到产业融合——中美电信业和传媒业关系研究》一书中也使用“大媒体产业”来形容一种新的信息传播产业形态。“这种新型的信息传播产业形态跨越了原有的相互分立的信息传播产业之间泾渭分明的产业界限，并在融合的信息传播市场中，为受众提供融合的信息传播服务，并接受融合的产业管制。”[③]在大媒体产业概念的启发下，鉴于广告产业融合与媒介产业融合的本质相似性，笔者提出“大广告产业”的概念来界定数字传播背景下新的广告产业形态。

大广告产业是基于营销传播领域的产业融合所形成的跨越传统广告产业边界的产业形态。它包括两层含义：

第一层含义：大广告产业意味着广告、公关、促销、营销咨询、事件行销等多种营销传播工具的融合，由提供单一广告代理服务的广告产业走向提供广告、公关、促销、营销咨询等多元化服务的大广告产业。这种融合是数字传播时代的新需求，是广告业对企业整合营销传播需求的市场回应，它能够提升整个广告行业的竞争力。在大广告产业中，广告业仍处于核心地位，发挥广告的主导作用，建构整合营销传播代理机构，以此推动当前正处于上升势头

① 傅玉辉.大媒体产业：从媒介融合到产业融合——中美电信业和传媒业关系研究[M].北京：中国广播电视出版社，2008：9-13.

② 同①25.

③ 同①9.

的公关、促销、营销咨询、事件行销等其他营销传播领域的发展，完善整合营销传播服务体系。以往单独发挥营销功能的广告将承担整合其他营销传播手段的重任，这一变化趋势必然对专攻广告业务的广告代理公司产生影响。为顺应整合营销传播的市场需求，欧美广告公司已在专业化分工的基础上重新完成整合，形成全球著名的大型跨国广告集团，如 Omnicom、WPP、Interpublic、Publicis 等，其实质就是整合营销传播集团。而我国部分传统的广告代理公司，当前正在努力凸显其整合多种营销传播服务的核心地位，逐渐掌控整合营销传播代理的主导权，转型为整合营销传播代理机构，以广告产业来整合其他营销传播服务的相关领域。广告产业与公关、促销、营销咨询等其他营销传播服务领域正在逐步走向融合。

第二层含义：大广告产业是对广告产业与其上下游产业融合后的产业形态的描述。数字技术是广告产业与上下游产业融合的基础。在广告产业上游，各企业普遍在生产经营活动中运用数字高新技术，实行技术革新。“新的、经过重大改进的技术也已诞生，用于支持这些计划，出现了客户识别卡、智能卡、信用卡搭售、POS 读卡机、个性化的统一资源定位器（URL）等。”[①]例如，一些广告公司通过与软件公司联手打造协同作业系统，其管理平台已全部实现数字化。公司人员可随时随地登录平台进行广告作业。总之，在企业战略管理系统中，包括客户关系管理、数据库管理系统以及营销信息系统等都依赖数字技术作为基础。在广告产业下游，媒体对数字传播时代的技术创新更敏感，系统的数字化改造工程将

① 亚科布奇，卡尔德.凯洛格论整合营销[M].邱琼，王辉锋，译.海口：海南出版社，2007：16.

数字设备应用到媒介生产的方方面面。电脑、数字照相机、数字打印机和激光照排系统等数字印刷设备早已取代机械印刷设备,数字摄影机、非线编辑系统、数字电视机、机顶盒等成为数字电视内容生产设备,光缆和通讯卫星成为数字信号传输媒介。数字技术融合为上游生产企业、中游广告公司和下游媒体三方的产业融合奠定了坚实基础。随着信息经济的发展,信息服务业将逐渐成熟,信息服务技术的创新使原本分立的不同内容间的界限变得更加模糊,这将降低本质上属于信息服务业的广告业和传媒业、企业信息服务业之间的融合难度,广告产业向大广告产业形态的转型成为适应信息经济时代发展需要的必然选择。

第三节　数字传播背景下广告产业形态的重构

广告产业的前两次转型和升级更多体现在广告公司的业务范畴。比较而言,广告产业目前正在经历的产业形态转型是更高层次的战略转型,它将极大地改变传统广告产业的运作方式。广告公司的业务范围、在产业链中的地位以及组织结构都将伴随大广告产业的确立发生根本性转变。尽管大广告产业的发展最终能够提升广告业的竞争力,推动广告产业的升级,但其整体建构和成熟完善却尚需时日。在大广告产业发展的过程中,必须对广告产业形态进行重构。如果说大广告产业形态的提出是从理念上对广告产业的形态转型进行的高度概括,那么广告产业形态的重构则是从广告产业运作的实际出发,探讨推动这一理念最终实现的具体路径。作为广告产业主体的广告公司仍将是广告产业形态重构的核心。笔者认为,围绕广告公司在数字传播背景下的运作,广告产业形态的重构可从业务的高度专业化、广告产业链的重构以及广告公司组织结构的调整三方面进行。

一、打造广告产业的核心竞争力:高度专业化

在大广告产业形态中,广告业要完成整合多种营销传播手段的重任,就必须具备核心竞争力。简单来说,核心竞争力就是企业在市场竞争中获得竞争优势与可持续发展的独特能力。国外学者曾有这样一个命题,即产业的核心竞争力使其竞争优势具有不可替代性,它是产业独立发展的根本前提。

(一)广告产业核心竞争力的确立和消解

广告产业的核心竞争力在第一次产业升级的过程中就得以确立。如前所述,广告产业在世界范围内的第一次升级发生在19世纪中后期,即广告业由单纯的媒介代理发展为综合业务的专业化代理。综合型广告代理公司为客户提供包括市场调查、广告创意和策划、广告设计与制作、文案写作、媒体计划与购买、广告效果测定等在内的广告运作全流程的代理服务。单纯的媒介代理只是一种媒介销售或媒介购买代理,这种代理并不是高度专业化的,具有可替代性。但综合型的广告代理却是一种不可替代的专业化服务代理,它成为广告产业的核心竞争力,并推动广告业走向专业化的独立发展道路。

然而,广告产业的核心竞争力却在广告产业第二次升级的过程中逐渐消解。广告产业在世界范围内的第二次升级,是由综合

型的广告代理发展成为整合营销传播服务代理。这次升级标志着广告公司专业领域与盈利空间的拓展,但恰恰是专业领域拓展的实践最终造成广告产业的泛专业化问题。广告代理公司原来只坚守策划创意和媒介代理的核心业务,并围绕广告运作的各个环节提供专业化服务,但在承担整合重任的要求下却要涉猎广告、促销、公关、营销咨询、事件行销等多个营销传播领域。这对广告公司的人力、物力、财力以及组织管理等多个方面都提出了更高的要求。但是在现实中,很多广告公司可谓心有余而力不足,宣称精通各种营销传播手段的运用,实际情况则是由于每一个营销传播领域高度专业化的能力需求,导致并不具备这些能力的广告公司样样业务都做得非常勉强。“广告公司推行整合营销传播服务,由于需要兼顾多方面范畴,亦未必能做到样样皆通,样样皆精。”[①]这种现象可称为泛专业化。泛专业化实质上就是非专业化。它导致广告公司失去策划创意的核心竞争力,竞争优势丧失,形成可相互替代的局面。应该说,广告产业的泛专业化问题是所有的国际性代理公司、跨国广告集团在这次转型和升级过程中面临的问题。由于专业领域不断扩大,广告产业不可替代的竞争优势正在逐渐消失。“公关崛起、广告消亡”的说法,正是在这一背景下产生的。由此也引发了广告主对广告公司专业代理能力的信任危机,这也是整个广告产业在发展过程中遭遇的严重危机。

如果广告产业没有自身的核心竞争力,如果连广告产业自身的发展都陷入严重的危机之中,再继续倡导以广告产业为核心去建构大广告产业,就显得有些自不量力了。因此,重新打造广告产

---

① 陈欢.重新审视整合营销传播[J].中国广告,2002(1):36-38.

业的核心竞争力已经迫在眉睫。

(二)广告运作的高度专业化——重建广告产业核心竞争力

笔者认为,解决泛专业化问题的办法是高度专业化。关键在于如何才能实现广告产业的高度专业化。由于广告公司在广告产业中居于主体地位,广告业的高度专业化实质上意味着广告公司的高度专业化。广告公司高度专业化的发展是重建广告产业核心竞争力的关键,是大广告产业形态对广告公司提出的基本要求,是广告产业形态重构首先需要解决的问题。

关于广告公司的专业化发展,有几个不同层面的理解。在广告运作领域,广告运作的每一个环节都可以做到高度专业化,广告公司可以整合和协调各种资源,将自身打造成在某一个或某几个广告运作环节具有高度专业化水准的公司;在行业广告代理领域,广告公司可以根据优势资源的集中领域,选择专攻某一个或几个行业的广告代理,成为某一个或几个行业内高度专业化的广告代理公司;在营销传播代理领域,广告公司在整合营销传播的需求下涉足公关、促销、营销咨询、市场调查、CI企划等不同领域,这些领域也都有高度专业化的需求。

那么,广告公司在向整合营销传播代理机构转型并作为核心整合其他营销传播领域的过程中,所需要的高度专业化是什么呢?笔者以为,广告业要成为整合营销传播的核心,广告运作必定成为其主导业务。广告公司必须坚守整体广告运作的高度专业化,这是其不可替代的核心竞争力。也就是说,只有能够为广告主提供全面广告代理服务的综合型广告公司,才能成为整合营销传播的主导力量。也唯有如此,广告业才能够完成整合营销传播的重任。

这实际上是第一次广告产业升级对广告公司业务要求的回归。正如西方企业界在经历了20世纪六七十年代多元化经营的热潮后又纷纷调整经营战略，强化核心业务，表现出“归核化”趋势，广告公司也应调整营销传播业务的多元化经营战略，将广告作为核心业务重点打造，以高度专业化的广告代理服务形成不可替代的竞争优势，赢得广告主的信任，重塑广告业在营销传播领域中的主导地位。

综观整合营销传播业务发展较为成熟的大型跨国广告集团，它们也大多将高度专业化的广告运作作为集团的主导业务。Omnicom、WPP、Interpublic 和 Publicis 四大广告集团的总收入占美国广告业总收入的54%，它们的广告收入占总收入的51.5%。① 世界上最大的广告集团——Omnicom 公布的各项营销收入所占集团总收入的比例分别是：传统媒体广告（Traditional Media Advertising）占43%，客户关系管理（Customer Relationship Management）占37%，公共关系（Public Relations）占10%，专门传播代理（Specialty Communication）占10%。② 由此可见，广告是跨国广告集团最主要的业务，跨国广告集团也正是通过大力发展专门化的广告公司来形成竞争优势。尽管目前跨国广告集团的业务越来越向客户关系管理（CRM）、直销、管理咨询等营销工具倾斜，但传统广告业务的核心地位仍未改变。反观中国的广告公司，长期以来在自身实力不济的情况下，迫于市场的需要勉强延伸其服务边界，导致泛专业化问题日益严重。广告主对广告公司的专业服务

---

① JOHNSON, BRADLEY. Revenue Grows 8.6%, Propelled by Digital[J]. Advertising Age.2008, 79(18).

② 数据来自 Omnicom 2008 年 5 月发布的公司 2007 年年报。

能力产生置疑，已经影响到整个广告业的持续健康发展。因此，对于中国广告业来说，要承担整合营销传播的重任，首先就要促进广告运作高度专业化的发展，建构核心竞争力。

二、广告产业链的重构

大广告产业将融合多个营销传播领域，处于领导核心的广告产业因被赋予整合的职能和业务范围的拓展，其产业结构必然发生变化。广告产业链在广告产业的发展中占有极其重要的地位。广告业必须理顺并重构产业链，使之有利于发挥自身的整合优势，从而更好地扮演在整合营销传播中的核心角色。

上文提到，在当前的传播环境下，广告公司原有的两大利润来源遭到重创，原本处于产业链中游的广告公司在广告产业链中的位置不断后移，利润也越来越微薄。广告业要作为整合营销传播的主导，必须改变广告公司在价值链中位置后移的劣势。那么，数字传播环境下广告公司在广告产业链中的地位应该如何确立呢？笔者认为，这取决于广告产业在新环境下的产业定位和产业发展方向。

（一）信息服务业的产业定位为广告产业链的扩张提供了更大的空间

其实，早在广告产业化发展之初，广告业与传媒业就高度重合，而传媒业的本质就是信息服务产业。随着大广告产业观的确立，广告业从属于企业的境况将有所改变，广告公司将参与企业战略决策层面，为企业经营决策提供信息服务和决策服务。“信息服务技术创新使原来分立的不同内容之间的界限开始模糊，形成了广告业、传媒业、企业信息服务业之间的产业融合。”[①]在产业融合的大广告产业形态下，广告产业信息服务业的定位为广告产业链的扩张提供了更大的空间。

传统广告业几乎以广告策划、广告创意、媒介购买等专业代理业务作为全部业务内容，而作为信息服务业的广告业务将不再局限于此，只要与信息生产和信息传播相关的业务，都是其服务内容，大广告产业的业务领域将大大拓展。作为信息服务业，一方面，广告产业链可延伸到上游的广告主的营销传播活动中，例如市场调查、公关、促销、事件营销、会展策划等方面，也可以与广告主进行营销战略决策制定、营销传播策略执行、网络营销资源开发、数据库建设等业务的合作；另一方面，广告产业链可延伸到下游的媒体资源开发和信息传播活动中，如新媒体资源的开发、网游信息平台的打造、动漫衍生产品的开发代理等。[②] 广告公司应将拓展电视广告业务作为公司发展的中长期规划，采取合作或整体收购的方式，充分利用电视行业的技术、人才、广告市场等有利因素推动自身发展。

总之，作为信息服务业定位的广告业在产业链上游和下游的延伸，将大大拓展广告业的生存空间，为广告业的发展带来更多的机会。而广告产业发展模式的确立则迫切需要广告产业链的进一步整合。

---

① 徐卫华.新广告学[M].长沙：湖南师范大学出版社，2007：210.

② 张金海，黄迎新.广告代理的危机与广告产业的升级与转型[J].广告大观(综合版)，2007(6)：30-32.

(二)我国广告产业发展模式的确立需要广告公司的产业链一体化整合

产业链一体化整合包括两种类型:产业链水平整合和产业链垂直整合。产业链水平整合包括两种形式:一种是水平合并,即通过各广告公司之间的兼并和收购形成大的广告集团;另一种是横向联盟,例如广州、上海、北京的4A联盟组织。产业链水平整合的目的是加强市场集中度,形成规模经济。产业链垂直整合也包括两种形式:一种是前向垂直合并,即与上游产业的合并;另一种是后向垂直合并,即与下游产业的合并。[①] 就我国的情况来看,广告产业链的水平整合已经在一定程度上展开,但广告产业链的垂直整合仍然停滞不前,而我国广告产业发展模式的合理选择又恰恰对广告产业链的垂直整合提出了更高的要求。

在世界范围内广告产业的发展模式主要有三种[②]:一是以美国为代表的西方发达国家的"自由竞争背景下的独立产业发展模式"。这种模式有两大特征,即高度市场化的自由竞争和独立于企业、媒介之外的产业发展。二是以日韩为代表的"国家政策与行业标准双重维护下的媒介、企业与广告业共生型发展模式"。这种模式的特征是产业发展或依托于企业,或依托于媒介,以及建立国家政策与行业标准的双重维护体系。三是以我国港台地区为代表的"自由开放背景下外资全面控局的产业发展模式",其结果是广告产业的完全外资化,外资实现对广告市场的寡头控制。我国的广告产业一直遵循美国的发展模式,但是由于我国本土广告公司比

① 芮明杰,刘明宇,任江波.论产业链整合[M].上海:复旦大学出版社,2006.

② 张金海.中国广告产业将走向何方?——中国广告产业现状与发展模式研究报告[J].现代广告,2006(7).

较分散和弱小，在全面开放和自由竞争的环境中面对强大的外资广告集团几乎没有竞争的资本，自主发展的产业模式遭受严峻挑战。广告产业的发展模式必须进行重新选择，即借鉴日韩依托强势媒体和企业的媒介、企业与广告业共生型发展模式。“中国广告产业要实现高速度、超常规发展，需要大资本的介入。经过几十年的发展，我国所形成的大型媒介集团、大型企业集团，正是广告产业发展所需要的巨大资本的主要来源。媒介集团和企业集团的巨大资本的介入，可望尽快实现中国广告产业的资本重组与结构重构，尽快改变中国广告产业高度分散和高度弱小的状况，并尽可能提升抗御外来资本收购兼并风险的能力。这就是我们在目前状况下主张借鉴日韩广告产业发展模式的最重要的理由。”①选择媒介、企业与广告业共生型的发展模式，意味着广告公司的发展战略也要作出相应调整。它将改变传统广告产业链结构，进行广告产业链的垂直整合。

一方面，广告公司要向价值链的上游扩张，进入广告主整合营销传播的决策核心层。广告公司通过转型为整合营销传播代理机构，并以高度专业化的广告运作作为核心竞争力，成为广告主的战略合作伙伴，参与到企业营销战略的重大决策当中。在这方面，韩国广告业的发展能够给予我们极大的启示。韩国的广告公司并非独立的代理机构，而是依托大型广告主的企业集团广告公司，称作In－house公司。② 如第一企划依托于三星集团，金刚企划依托于现代集团，LG AD依托于LG集团等。企业集团与广告公司之间存在直接的股权关系，广告公司从特定广告主那里获得比较稳定

① 张金海.中国广告产业发展模式的选择[C]//全国广告学术研讨会.2006.

② 廖秉宜.韩国企业集团广告公司的发展及其启示[J].广告大观(理论版)，2006(6)：10-17.

的代理权。随着市场经济的发展，我国也形成一批具有一定影响力的大型企业集团，它们成为广告公司向价值链上游扩张的丰富资源。

应该说，这并非广告公司的一厢情愿。越来越多的企业也愿意把广告公司看作关系密切的战略合作伙伴。我们从广告报酬费用制度的变化就能够看出端倪。过去执行15％的“佣金制”，现在更多地采用“服务费制”或“定金制”，甚至还有企业使用“绩效报酬制”。企业与广告公司的合作更为密切，广告公司的业绩与企业发展紧密相连。广告公司进入企业的决策核心层，向广告产业链的上游扩张是广告产业链垂直整合的方式之一。

另一方面，广告公司要向价值链下游延伸，要在媒介资源开发上多下功夫，通过资本运作组建大型媒介购买集团。某种程度上来说，媒介购买集团是广告产业价值链的关键。依托媒体的媒介型广告公司是日本广告产业的主要力量，它们或脱胎于媒体，或与媒体有着深厚的资本渊源，其成功经验值得我们借鉴。例如，“广告公司通过吸收媒体和企业股份，保障其获得稳定的媒体资源和客户资源；广告公司将创意、行销、策划、咨询等业务费用包含在媒体手续费中，致使欧美媒介购买公司在日本生存空间狭小。”①而随着媒体活动型营销的快速发展，媒体也进行经营战略调整，与广告公司在节目定位、内容制作、广告经营等多方面展开合作，最终实现双赢。这也为广告公司向价值链下游延伸提供了更多的机会。

另外，广告公司要向价值链下游延伸，也不能仅仅死守在高度专业化的广告运作领域，还应根据自身资源优势适度开展多元化

① 廖秉宜.日本媒介型广告公司的发展及其启示[J].广告大观(理论版)，2007(1)：12-17.

业务，进入其他营销传播领域。对于很多中小型的专业代理公司而言，积聚价值链，在某些专门的领域发挥核心优势，成为综合型广告公司或整合营销传播代理机构的下线公司，也是一种可选择的发展路径。

三、广告公司组织结构的调整

前文笔者已论证，只有能够为广告主提供全面的广告代理服务的综合型广告公司，才能成为整合营销传播的主导力量。这是以广告业为主导的大广告产业形态得以确立的前提。“广告公司要提供整合营销传播代理需要重点考量两方面的因素：一是广告公司是否拥有各个营销传播领域的高度专业化人才；二是广告公司是否有为企业提供整合营销传播代理的组织结构，这一组织结构是否可以实现对公司内部和外部资源的有效整合。”①舒尔茨的研究主要从企业角度看待整合营销传播的执行，认为“组织结构本身即是整合行销传播的障碍”②，并提出首先要从组织结构的整合着手。广告公司在向整合营销传播机构转型的过程中之所以出现泛专业化现象，也与广告公司的组织结构不能作出及时调整密切相关。“组织是为达到战略目标而维系在一起的群体。组织结构是一种组织存在方式，体现着资源配置、权力链和分工合作机制。”③广告公司的组织结构如果不能满足整合营销传播的需要，将

① 张金海，廖秉宜.中国广告公司核心竞争力的消解与建构[M]//罗以澄，张金海，单波.中国媒体发展研究报告.武汉：武汉大学出版社，2008：434.

② 舒尔茨，等.整合行销传播[M].吴怡国，等，译.北京：中国物价出版社，2002：218.

③ 黄迎新.整合营销传播理论批评与建构[D].武汉：武汉大学，2008：150.

在极大程度上影响广告公司人力、物力、财力等各要素的合理分配，因而无法为公司各项业务的顺利开展提供制度上的保障。因此，笔者将广告公司组织结构的调整，尤其是综合型广告公司组织结构的调整作为广告产业形态重构的一个重要组成部分加以论述。

在对整合营销传播的积极探索和实践过程中，广告公司发现，“实施整合营销传播（IMC）最大的困难就是如何创造一种组织架构，使不同专业背景的专家能成功地进行合作”[①]。越来越复杂的市场竞争环境迫使传统组织越来越依赖各种功能型的专家，如广告经理、促销经理、事件营销经理等。可是大多数专家只精通自己熟知的领域，对其他营销方式并不在行，因此相互间要想合作，困难重重。各职能部门由于不能很好地协调而使得传播方案无法正常执行，传播预算被分割，极大地影响了整合营销传播的执行效果。IMC 强调整合，即不同部门为了共同目标相互融合成一个整体，各跨职能部门之间的密切合作至关重要。但是，传统广告公司最常采用直线垂直式组织结构。整个组织通过层级制来管理，决策权集中于最高层的管理者，往下层级繁多，极易导致分割管理，非常不利于跨职能部门间的沟通与合作。因此，作为整合营销传播的主导力量，综合型大型广告公司组织结构的调整势在必行。目的就是要清除一切不利于整合的组织障碍，避免各独立部门之间的利益冲突，同时为各部门之间的合作创造便利条件。

广告公司组织结构的调整与广告公司向整合营销传播代理机构转型相伴而行。不同的转型方式导致广告公司组织结构调整的

① 何佳讯，丁玎.整合营销传播范式下的西方广告公司组织变革[J].外国经济与管理，2004，26(1)：44-47.

形式也并不相同。纵观大型跨国广告公司发展轨迹，传统广告公司向整合营销传播代理机构转型的方式可归纳为三种：其一，在公司内部增设营销传播代理服务的专门职能部门；其二，并购专业的营销传播公司或在广告公司外部成立专门的营销传播代理公司，如公关公司、促销公司、营销咨询公司等，并进一步发展成为大型的营销传播代理集团；其三，与其他专业营销传播公司建立战略联盟。

目前较为普遍的组织结构模型有五种：直线垂直式、事业部式、水平矩阵式、团队式和网络式。[①] 直线垂直式便于领导层控制，却不利于跨部门沟通；事业部式便于各事业部内部的整合，却不利于资源的整合和跨事业部的合作；水平矩阵式有利于资源共享，但事业部之间的利益仍难以协调。笔者认为，团队式和网络式是比较适合综合型大型广告公司实施 IMC 的组织结构模式。

广告公司在其内部增设其他营销传播职能部门，其直线垂直式的组织结构必须向团队式组织结构（见图 5-2）转变，即通常所说的层级式结构转变为扁平化结构。公司内部可以将拥有不同营销专长的人才安排到一起，组成具有不同专长的营销团队，根据客户的不同需求提供全方位的服务。广告公司通过并购方式转型，也需要及时整合被并购的其他公司的人力资源，组建营销传播团队。

团队式组织结构，是由核心领导层抽调各职能部门精英组成 IMC 运作团队。这样可以打破各职能部门间的各种障碍，变层级式结构为扁平化结构，既便于团队中来自不同职能部门员工间的沟通，也便于核心领导层与各 IMC 执行团队的沟通。一方面，不同

① 达夫特.管理学（第 5 版）[M].北京：机械工业出版社，2005：300-312.

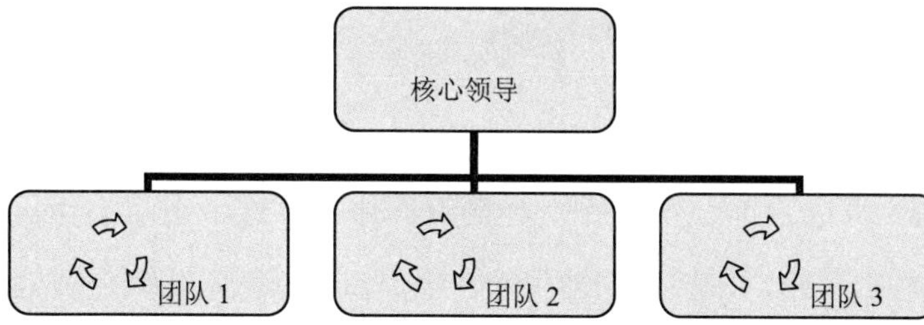

图 5-2　团队式组织结构图

团队的设立体现出权力的分立，这样能够更大程度上调动员工的积极性和创造性。另一方面，团队与团队之间形成的水平组织结构有效地压缩了中间管理层，使核心领导层能够更迅速、更真实地掌握执行团队的运作信息，准确把握市场变化，作出正确决策；同时，执行层也能更准确地领会核心领导层的战略思想，提高执行的效率和准确性。由此能够减少组织管理的成本，提高决策效率，便于整合营销传播的顺利实施。

广告公司若与其他营销传播公司建立战略联盟，则比较适合采用网络式的组织结构（见图 5-3）。

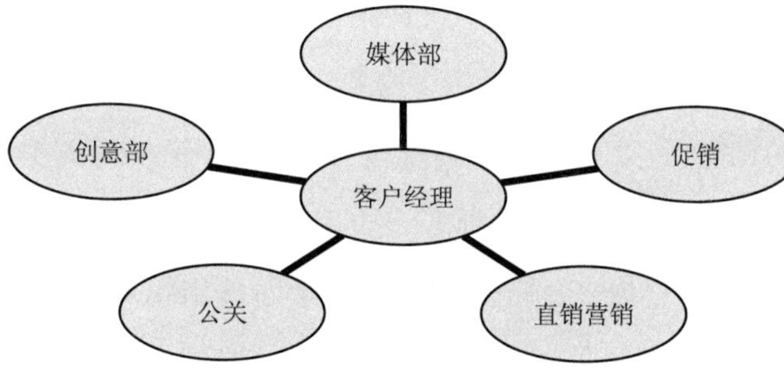

图 5-3　网络式组织结构图

网络式组织结构是在全球化和数字化背景下兴起的一种最新的组织结构模式。“组织的网络化实际上就是指以某一核心组织为主体，通过一定的目标，利用一定的手段，把一些相关的组织联结起来，形成一个合作性的企业组织群体。在这个组织中，每个组织都是独立的，通过长期契约和信任，与核心组织联结在一起，优势互补，形成命运共同体，共同发展。”[①]这种网络式组织结构非常适合广告公司与其他营销传播公司建立战略联盟之后的合作。在这种组织结构中，由客户经理负责 IMC 项目的实施，并承担整合的责任。网络组织中的每一个独立单位在与其他专业公司进行合作实现跨职能整合的同时，也能发展自身的综合业务能力。这种网络式组织结构根据营销职能的划分形成一个个模块，它仍强调分工，但这种分工更注重模块的知识含量。模块化的网络式组织结构是密集型知识经济的产物，通过建立战略联盟重新进行资源配置，它使产业边界更加模糊，但能极大地提高生产效率和市场竞争力。

然而，无论是团队式还是网络式组织结构，都有缺陷。团队式会出现责权不明晰的状况，导致管理混乱；网络式缺乏直接控制，若协调不好则容易导致各独立单位各谋其利。广告公司在进行组织结构的调整时，要根据实际情况进行选择，尽量规避组织结构的负面影响。值得一提的是，西方一些广告公司在已有的组织结构模型的基础上，根据自身特点建立了若干新的组织变革模型，包括联盟（the consortium）、一公司占优势地位的联盟（the consortium with one dominant agency）、拥有自主经营单位的公司（the corpo-

① 王霆，卢爽.数字化营销[M].北京：中国纺织出版社，2003：204.

ration with autonomous units)、矩阵组织(the matrix organization)和整合组织(the integrated organization)。[①] 我国广告公司在组织结构调整的实践中也可以借鉴这样的创新思维。

我们不能忽略,企业在整合营销传播的实施中,实际上是拥有绝对领导权的。作为成功实施 IMC 的关键因素,在企业的组织结构中,应该为广告公司留有一席之地。而在广告产业链向上游延伸的过程中,有实力的广告公司将力求进入企业的决策核心层,企业也有与广告公司建立战略合作伙伴关系的现实需求,这将加速企业内部组织结构的调整,为广告公司的高效运作提供组织上的保障。

此外,值得我们关注的是数字传播时代广告创意对于广告媒介和传播技术的依附性。由于广告创意在广告活动中一如既往的重要地位,这也将对广告公司的组织结构的调整产生影响。当前,一些广告公司的组织结构已不是按照传统的客户部、创意部、媒介部、市场部进行搭建,而是以技术和媒体为先导的创意型组织,打造消费者研究、广告、数字媒体和影视制作等多个板块业务,实质上就是在执行融媒体传播策略。

① ANDERS GRONSTEDT,ESTHER THORSON.Five Approaches to Organize an Integrated Marketing Communication Agency[J].Journal of Advertising Research,1996,36(2):48-57.

第六章　数字传播与广告观念形态的变迁

广告观念形态是意识主体对广告所持有的基本认识和评价的总和。笔者对本书探讨的广告观念形态有所限定。意识主体特指广告传播者，对广告的基本认识则指对广告功能的认识。如此界定的原因在于，广告功能是广告基础理论层面的一个最核心、最本质的问题。它直接关系到广告在社会结构系统中所处的位置，在实际运用中广告传播者如何制作和运作广告，以及消费者对广告的态度和反应。“事实上，所有的广告传播理论无一不是建立在一定的功能认定基础之上的，无一不包含着某种与功能赋予相关的理论主张，而广告的发展形态则取决于人们对广告的功能界定。”① 在数字传播背景下，广告所处的传播环境和营销环境已发生天翻地覆的变化，广告的生存形态呈现出多样化的适应性变迁，这与广告观念形态的变迁，尤其是对广告功能的认识变迁密不可分。通过审视广告功能观念的历史变迁，探讨数字传播背景下广告营销功能观念的现代转型是本章要解决的主要问题。

① 张金海.20世纪广告传播理论研究[M].武汉：武汉大学出版社，2002：87.

第一节　广告营销功能观的现代转型
——广告告知功能的回归

广告的本质功能是营销功能,而如何实现营销功能成为广告历史演进过程中广告研究者一直努力探寻的问题。在数字传播背景下,广告营销功能观在经历了漫长的历史变迁后,开始走向告知功能的回归。

一、关于广告营销功能观的检讨

广告的本质功能是营销功能,这只是一个理论层面上的抽象概括。围绕应该如何实现广告的营销功能这一实际操作层面的具体问题,不同的营销功能观在实践中应运而生。社会的动态发展导致营销环境的不断改变,因此不同的营销功能观也顺应环境的改变呈现出动态发展,经历了不同阶段的历史变迁。

(一)告知功能观

20世纪之前,告知功能观在人们对广告营销功能的认识方面一直居于主导地位。告知功能观认为:广告的任务就是将商品信息告知消费者,以此就能促进商品的销售。“人们之所以没有购买商品,是因为人们不知道有关商品和生产商的信息。”[①]经济学家马歇尔称之为“信息性广告”。这种观念的产生源于当时落后的社会

① 张金海.20世纪广告传播理论研究[M].武汉:武汉大学出版社,2002:91.

环境：其一，落后的社会生产力水平导致商品极度匮乏，整个市场格局基本是需求大于供给的卖方市场。人们购买商品时没有选择的余地，只要知道某种商品就会去购买。其二，商人的贸易往来迫切需要商品的供求信息，而落后的技术导致社会传播渠道并不畅通，信息需求得不到满足的状况更加刺激着人们“被告知”的需要。其三，随着报纸作为一种大众传播媒介的普及，广告以报纸作为传播载体就必然受到报纸特性以及报媒机构对广告发布的限制。

从广告发展的历史过程来看，告知功能的确是广告最初具备的一个功能。人类社会出现第三次社会大分工后，商品生产和交换的需要促成广告的诞生。无论是叫卖、陈列、音响等最初广告形态，还是用骨头、木棍等在黏土版上雕刻的文字广告，抑或是灯笼、旗帜、招牌等原始广告形态，它们的功能都是要将商品信息告知需求者，以促进销售。只是当时广告信息的告知仅仅局限在一个极其有限的区域内，并不能实现面向大众的跨区域传播。直到18世纪，广告以付费的方式出现在大众新闻媒体上，广告才突破了地域限制，在一个更大的范围内发挥其告知功能。因此，大众传播媒介的诞生是广告告知功能更好地得以实现的重要前提。

最早出现的大众传媒是报纸，其主要任务是客观地进行新闻报道。这决定着广告告知功能的具体表达方式。一方面，广告以报纸作为发布载体，就必然会受到报纸的信息传播方式的制约和影响。“它们被夹杂在新闻版面里，以类似于新闻稿的写法将广告信息传达出来，无论是形式还是广告理念，都表现出与新闻传播的亲缘性。”[①]另一方面，报媒机构一般会对广告的发布制定苛刻的限

① 张金海，程明.新编广告学概论[M].武汉：武汉大学出版社，2009：52.

制性条件。直到19世纪90年代,西方社会对广告公认的定义仍是“广告是有关商品或服务的新闻”。在这种观念下,报媒严格规定广告刊登的版面篇幅,并禁止发布通过美化产品诱导消费者的炫耀性广告,甚至连插图都不能出现在版面上。由此可以发现,广告最初的告知功能观是非常单纯和实在的一种广告观念,这恰恰符合那时较为简单的社会环境。正因如此,告知功能观在当时能够显示出它对于促进商品销售的积极作用。

(二)劝服功能观

进入20世纪后,随着社会生产力水平的提高,商品种类和数量日益增加,逐渐发达的信息传播网络使人们获得的商品信息也越来越多,在购买时有了更多的选择,可以货比三家再做出购买决定。于是,企业之间的竞争开始变得激烈起来。如果都采用平淡无奇的单纯告知方式进行广告传播,商品信息则很有可能湮没在信息的汪洋大海之中,因而无法吸引消费者的注意,难以达到促进销售的营销目标。在这种情境下,广告的劝服功能观浮出水面,开始在实践中大行其道。

劝服功能观认为:单纯依靠陈述产品或服务的信息并不能达成销售。广告应当为商品或服务找到一个合适的销售理由,以此劝服消费者作出购买决定。这一营销观念最初来自美国广告界三位著名广告人约翰·肯尼迪、阿尔伯特·拉斯克尔和克劳德·霍普金斯。他们主张“广告是印在纸上的推销术”,应该像推销员那样想办法说服消费者。广告必须提供一个切实的销售理由,告诉消费者为什么值得花钱购买广告中所宣传的产品。这种强调说明销售理由和购买原因的广告流派被后人称为“原因追究法派”或

“硬性销售派”[①]。他们促使一个崭新的广告观念的诞生，即广告从“产品观念”时代步入“推销观念”时代。

在物质产品相当丰富的社会条件下，消费者不再像过去那样只为得到商品，而是更加在乎商品能为其带来的实际利益。因此，劝服功能观仍然强调以产品为出发点，围绕产品的功能做文章。罗瑟·瑞夫斯著名的USP理论（Unique Selling Proposition）也是对这一观念很好的阐释，同时也是“硬推销”理论主张的继承和发展。该理论主张从产品的功能和内在品质出发来寻求其独特性，这一独特性必须是其他同类产品不曾提出的，并对消费者具有强大的吸引力。例如，总督牌香烟“只有总督牌在每一支过滤嘴中给你两万颗过滤凝气瓣”、M&M巧克力豆“只溶在口，不溶在手”等都是运用USP理论的经典之作。

如果从消费者角度看，劝服功能观念中的消费者是一个被动群体，只要找到合适的销售理由并好言相劝，他们就会购买被推销的商品。这与当时传播效果研究中所流行的“魔弹论”关系密切。而当消费者不再是“沉默的大众”，不再是被动的“靶子”时，以产品销售为本位的劝服功能观的营销效果就大大减弱了。

（三）诱导功能观

二战结束后，全球经济得到迅速恢复和调整，尤其是西方社会的营销环境和传播环境发生急剧变化。一方面，经济发展进入高速增长期，大量新产品层出不穷，产品的同质化现象日趋严重，真正意义上的买方市场正式形成。高度同质化的产品带来的后果是

① 西沃卡.肥皂剧、性和香烟[M].周向民，田力男，译.北京：光明日报出版社，1999：150-155.

想要从每一种产品本身寻找说服消费者购买的独特销售主张变得十分困难。另一方面,媒体发展也进入快速发展时期,尤其是二战后电视媒体的普及,使消费者渐渐开始生活在媒介信息的“狂轰滥炸”中,信息很容易成为过眼云烟。更为重要的是,20 世纪 60 年代以来,传播学研究发现,受众并不是被动无能的,传播效果会受到环境的制约。“使用与满足”理论明确提出以受众为中心的传播理念。广告受众和广告传播的效果亦是如此。产品如果不能满足消费者的需求,广告不管怎样挖掘其独特功能,都无法产生任何效果。奥格威意识到:“尽管现代广告公司设备精良,而广告却不能像拉斯克尔和霍普金斯在草创时代创作的广告那样有效。”[①]为适应环境实现广告的销售目标,诱导功能观成为那个时代的产物。

诱导功能观的一个重大转变是从以前的产品销售本位过渡到以消费者需求为本位,通过满足消费者需求获取利润。诱导功能观认为:广告通过从产品本身寻找销售理由以劝服消费者购买的做法难以奏效,应将广告视为一种“攻心术”,针对消费者的心理需求开发产品物质功能以外的情感附加值,并以此作为广告诉求的核心,通过引起消费者的心理共鸣达到销售目的。

诱导功能观从 20 世纪 20 年代“情感氛围派”的理论主张可以略见雏形。以西奥多·麦克玛纳斯和雷蒙·罗必凯为代表的“情感氛围派”认为,广告应通过暗示和联想造成极强的感染力和诱惑力,从而让消费者相信购买广告宣传的产品能满足他们的某种心理需求。而奥格威的品牌形象理论则是对诱导功能观最早的表述。奥格威认为,在产品功能利益点越来越小的情况下,消费者购

① 奥格威.一个广告人的自白[M].林桦,译.北京:中国友谊出版公司,1991:13.

买时会寻求一种心理感受，而形象化的品牌就能带来品牌的心理利益。以诱导功能观为主导的广告旨在塑造鲜明的品牌形象，由此为品牌树立个性和创造差异，获得消费者的认同，在品牌与消费者之间形成一种心理上的紧密关联，最终达到销售的目的。例如，李奥·贝纳为万宝路香烟塑造出具有男子汉气概的西部牛仔形象，鲜明的形象个性很容易获得吸烟男性心理上的认同，他们会认为选择这种香烟就表明自己也是具有男子汉气概的人。这是品牌的符号意义诱导着消费者作出的购买决定，它与产品的物质功能似乎已没有多大联系。

（四）沟通功能观

20 世纪 70 年代以来，市场营销理论研究的主旨不再仅仅是如何实现销售，它还将注意力放在消费者分析上。这主要是因为随着市场环境的发展，市场权力从生产商手中迅速转向消费者，消费者的价值观念更加多元化，消费需求和喜好越来越难以把握。美国学者劳朋特提出了市场营销的“4C”理论，即顾客（Customer）、成本（Cost）、便利（Convenience）、沟通（Communication）。自此，以消费者为中心的沟通策略被运用于营销传播领域。而在此理论基础上形成的整合营销传播理论则是沟通功能观的综合体现。

整合营销传播是 20 世纪 80 年代末在营销学和广告学领域兴起的主流观念。这一概念最早由美国西北大学的唐·舒尔茨教授提出。“整合营销传播（IMC）是企业组织的营销战略观念和营销传播方式。在一个顾客导向的企业组织中，企业通过与顾客有目的的对话，与顾客进行信息交换，从而建立起与顾客长期的、友好的互动关系，并最终带来品牌价值。”①它要求企业形成“以顾客为中心”的营销传播战略思想，在企业组织与顾客之间形成一种沟通对话机制，建立双方良好的、长久的关系，最终实现营销传播效果的最大化。这也可以看作是沟通功能观的基本观点。它是广告营销功能观念的一个根本改变。原因在于：其一，“沟通”意味着买卖双方处于平等地位，广告传播从“单向传播”转向“沟通互动”，这是对以往劝服和诱导功能观念下消费者只是作为信息被动接收方的颠覆；其二，沟通功能观开始将消费者群体看作有不同需求的细分市场，提出与消费者建立起一对一的沟通关系，这显然区别于以往营销观念中将消费者视为“大众”的情形；其三，“买卖双方存在着一种资源交换与分享共同价值的关系”②，这不仅有利于消费者对产品和企业增进了解，也在企业增加对消费者的认知过程中起到积极作用。

“沟通”的内容主要有两方面：一方面是信息的沟通，既包括商品和企业的相关信息，也包括消费者的需求和反馈信息；另一方面则是文化的沟通。在一个品牌至上的年代，利用文化的市场利销性塑造品牌形象成为广告常用的传播手法。“广告对消费者全方位展开人文诱惑，在广告情境中，受众得以分享共同的伦理或约定俗成的审美观，实现社会交流。”③从这一点来看，它与诱导功能观对品牌的重视一脉相承，利用文化“诱惑”消费者购买产品的本质并未改变。因此，从本质上讲，沟通功能观乃诱导功能观念的延续，只不过它更加清晰地认识到了消费者在市场中的主体地位，并

① 黄迎新.整合营销传播理论批评与建构[D].武汉：武汉大学，2008：102.
② 舒尔茨.整合营销传播[M].吴怡国，等，译.呼和浩特：内蒙古出版社，1998：76.
③ 张金海，程明.新编广告学概论[M].武汉：武汉大学出版社，2009：57.

通过强调“沟通”作出了回应，这是一个观念上的重大突破。

以上四种营销功能观念在时间上体现出历时性的动态发展过程，但每一种营销功能观与其后发展出来的营销功能观是同时并存的，在空间上体现出共时性的并存。只是在不同的时代背景下，随着营销环境和传播环境的改变，关于广告如何促进销售的观念也在发生变化，这四种营销功能观依次成为社会的主流观念。

二、数字传播背景下广告告知功能的回归

营销功能是广告最基本的工具性功能。尽管广告营销功能观念为适应社会环境而不断作出改变，但其趋利的本质却从未改变。“当广告从告知、劝服进而走向诱导的时候，广告便开始步入某些误区，不仅造成诸多外部性问题，甚至危及广告产业自身的发展。”[①]当旧有营销功能观念主导下的广告和广告产业发展都陷入窘境之时，说明旧有观念与广告生存环境产生了冲突，广告营销功能观念面临着又一次新的转型。

（一）广告诱导功能的张大

广告的功能与广告所处的社会类型密切相关。在人类社会从生产社会向消费社会发展的历史进程中，广告的主导功能也一直发生着阶段性变化。尤其伴随着消费社会形态的发展需要，广告的诱导功能不断放大。我们已经很难分清究竟是消费社会促成了广告诱导功能的无限放大，还是广告的诱导功能使消费社会的特

① 张金海.广告的现实生存与未来发展[J].武汉大学学报(人文科学版)，2009(4)：492-494.

征更加明晰。在众多学者对消费社会的批判研究中，对广告诱导功能的批判成为重要的一部分。

在消费社会，社会的重心由生产转向消费，消费在社会生活中扮演着极其重要的角色，成为支撑整个社会经济运行的灵魂，同时也对社会的政治、文化，以及个人的生活方式和价值观念等多方面产生深刻的影响。“所谓消费社会，是一个以生活必需品以外的消费为主的社会。在消费社会里，不是因为生活的需要而生产商品，相反，是由于商品的大量生产造成需要，消费本身由原来的有限性变成了无限性。人们的消费行为已经从一种纯粹的经济行为转向一种文化行为。”①广告一方面对促进消费起到了非常积极的推动作用，另一方面却由于它促进消费的方式——诱导功能的过度使用而对社会文化带来负面影响，遭到人们的批判，这也直接导致了广告生存的困境。

20世纪50年代初，麦克卢汉较早对广告的诱导功能作出批判：“美国公民从早到晚都处在被包围的状态中。他看到、听到、尝到、摸到、嗅到的一切几乎都是企图向他兜售的东西。……为了打破他那层防护的外壳，广告商锲而不舍地震撼、揶揄、逗弄、刺激他，搞得他筋疲力尽，他们用水滴石穿的办法不断地向他渗透。”几乎在同一时期，美国社会批评家万斯·帕卡德出版《隐形的说客》一书，揭示了广告商通过运用心理学的动机理论窥视消费者心理，利用广告对消费者心理进行有目的性的诱导。“广告人使用我们隐藏的冲动或经历，去售卖从汽油到政治的一切东西，其伎俩就是

① 连水兴.消费社会与广告文化批判[J].东南传播，2005(4)：28-32.

将潜意识置入视觉中去。"[①]"在实际购买行为中,消费者是情绪化和情不自禁的,这是对广告产品激发潜意识的形象设计的不知不觉的反应。"[②]广告的诱惑通常是在消费者没有意识到的情况下发生的。比如,通过磁共振对消费者的脑部扫描发现,可口可乐的品牌标识比百事可乐更能激发消费者的大脑活跃程度,广告的诱惑甚至已经在人们的神经中枢系统打上了深深的烙印。

在消费社会背景下,品牌消费占据着主导地位,而品牌的符号价值是品牌参与市场竞争的基础。人们对品牌的选择并不是获取商品的使用功能,而是为获得附加商品之上的符号象征意义。符号消费成为消费社会的实质。为品牌创造符号价值,满足消费者的符号消费心理,成为广告诱导功能进一步发挥潜在能量的有效途径。法国后现代主义思想家鲍德里亚在分析消费社会时,对广告极尽诱导之能事的情形给予了尖锐批判。他说:"广告……促成了大众社会,它借助一种任意的、系统的符号来诱使人们的认同,刺激人们的意识,并在此过程中把自身重新构造为一个集合体。大众社会和消费社会不断从广告中获得其合法性。"[③]

消费社会成为广告诱导功能不断放大的温床。即便是"沟通"观念的提出,也由于实践中的现实困境而成为诱导功能进一步泛滥的保护伞。可是,当广告将诱导功能作为其全部意义时,却在不知不觉中将广告的发展推向了一种误区。一方面,作为广告的受众,消费者对广告产生了信任危机。消费者整日生活在广告所构

① MICHELLE R.NELSON.The Hidden Persuaders:Then and Now[J].Journal of Advertising,2008,37(1):113.

② PACKARD V.The Hidden Persuaders[M].American Catholic Sociological Review,163,20(19):488-490.

③ 季桂保.博德里亚的"消费社会"批判理论述评[J].国外社会科学,1999(2):51-56.

筑的充满幻想和诱惑的虚拟世界，沉浸于一时的心理满足，冷静下来却发现已被广告操纵。“人们被说服而乖乖地去购买那些看上去最无用、最不起眼的东西，最后竟然连他们自己都不知道为什么要这么做。”[①]广告在生活中似乎更像是一种娱乐和游戏，并不能为实际的商品购买提供多少真正有用的信息。另一方面，广告的诱导和刺激促成消费主义盛行，它在很大程度上误导着大众的价值观念和行为方式。广告“创造和维护某种有利于卖出商品的器物文化、观念文化和制度文化”[②]，这将对传统文化形成巨大冲击。当广告文化在社会中极度泛滥时，必然影响正常的社会价值判断机制，消解着传统文化的核心价值理念。

（二）广告告知功能的回归

当消费者对广告诱导功能的认识日益清晰时，他们开始对广告表现出反感的情绪，广告面临着消费者的信任危机。“最令人讨厌的广告往往是信息性内容最少的广告。”[③]以传统媒介为载体发布广告，广告的信息容量必然受到传统媒介物理属性的限制。报纸的版面、电视的时间段等都属于稀缺资源，刊播广告的价格不菲，要在特定的版面和时间段完成广告促进销售的任务，广告主只能将他认为对消费者最具吸引力的信息进行传播。在信息容量一定的情况下，如果将刺激感官和心理的诱惑性信息作为传播重点，那么与商品相关的客观性信息容量就必然会减少。因此，诱导功

① 林升梁.美国最伟大的广告人[M].北京：中国经济出版社，2008：411.
② 张金海.20世纪广告传播理论研究[M].武汉：武汉大学出版社，2002：99.
③ 舒德森.广告：艰难的说服——广告对美国社会影响的不确定性[M].陈安全，译.北京：华夏出版社，2003：145.

能放大带来的最直接的后果是广告信息告知功能的萎缩。笔者认为，在当前的数字传播背景下，广告在经历了诱导功能的不断放大之后，向信息告知功能的回归是其发展的必然趋势。理由如下：

其一，消费者的信息需求与日俱增。

广告产生于商品交换过程中交换双方对商品信息的需求，且从古至今，人们对广告商品信息传递的需求从未改变。只不过当广告由于并不满足于最初的商品告知功能而开发出劝服、诱导的功能以后，消费者对于商品客观信息的需求就开始出现缺口。但是在消费者作为被动接收者的大众传播时代，他们的信息需求无处可诉，因此只能在广告的吹嘘和炫耀中忍气吞声。理智的消费者能够根据自己的判断明辨是非，而冲动、感性的消费者则多半会被广告误导，甚至感觉到被欺骗。

对于消费者而言，能够传递商品或服务客观信息的广告是一种绝对的必需。这些信息一方面能够帮助消费者降低信息搜索的时间成本和经济成本，另一方面能够降低消费者的购买风险。因为通过大众传媒播出的广告受到一定监管，广告产品的品质更有保证。而在数字传播时代，信息接收终端更加多样便捷，信息存储的容量无限扩大，而信息产业的网络融合使得信息搜索具备时移性的新特征。当消费者所持有的信息接收终端具有携带便捷、无限信息容量和随时可信息搜索等诸多特征时，他们对信息的需求量必然会与日俱增，其中也包括广告信息。如果广告无法提供足够的信息量，其存在的必要性都将遭到置疑。

其二，消除信息的不对称分布是广告在社会经济系统中的重要作用。

信息不对称理论由美国经济学家约瑟夫·斯蒂格利茨、乔治·阿克尔洛夫和迈克尔·斯彭斯共同提出。该理论认为在市场经济活动中,供需双方对信息的了解是有差异的,这种现象普遍存在于市场经济活动中。在市场经济活动中,应该说买卖双方的信息不对称是绝对的、永恒的。消费者对商品质量、性能等客观信息的掌握,永远不会比生产者多。广告作为社会经济体系中的一个有机组成部分,在消除买卖双方信息的不对称分布方面理应作出贡献。这就要求广告履行信息功能,消除信息在消费者和生产者之间的不对称分布,将尽可能多的商品信息告知消费者,帮助他们作出正确的购买决定。消费者只有真正获得了需要知道的可靠信息,才会产生更多的消费行为,促进经济的发展。因此,真正能够持续有效地为社会经济发展服务的广告,还是以信息告知为主要传播目的的广告。

其三,广告信息告知功能的回归是整个广告业发展的需要。

"从产业发展的视角来看,广告诱导功能的不断张大带来的不仅仅是对广告的敌视,同时也带来了一场广告产业的信任和发展危机。"[①]笔者认为这最终要归结于广告业长期对消费者主体地位的忽视。消费者利益原则是市场经济的基本原则之一。在新技术新媒体的冲击下,消费者更是成为市场发展的主要驱动力。消费者可以便捷地利用多样化的信息渠道获取所需信息,不再像从前那样能够轻而易举地被广告俘获。"今天的消费者对待信息的个性化需求和理性化接受是时代进步的象征,广告业面临的挑战不

① 余晓莉.广告营销功能观的历史变迁与现代转型[J].武汉大学学报(人文科学版),2009(4):498-501.

是来自营销传播其他工具的挤压，而是广告行业自身的规范和提高。”[①]正如美国学者沃尔夫所言：“当代市场经济最具代表意义的特征，恐怕是消费者作为主动性的一方，有权自主选择，而生产者已经成为提供服务的角色。”[②]“规范和提高”的第一步就要从广告业正视消费者的主体地位开始，不要再打着“沟通”的幌子却用华丽的语言和奢靡的画面诱导消费者，而是站在消费者的位置替消费者着想，真心实意地为消费者提供信息服务，满足消费者最原始的信息需求。

第二节　数字传播背景下广告告知功能观念的升级

“在整个20世纪，市场营销环境和大众传播环境的发展变迁有一点极其相似，那就是权力的下移，终端（消费者/受众）的作用日益强大。”[③]广告的本质功能观由劝服和诱导演变为沟通，是对这种“权力下移”的市场环境作出的积极响应。然而，传统媒介单向传播的特点使“沟通”只能成为一个美好的愿景，在现实中广告仍然热衷于探究消费者心理，采用各种手段对消费者心理施加影响，只不过，五花八门的诱惑手法在“沟通”观念的庇护下显得更加隐蔽，消费者仍然少有发言权。而在数字传播背景下，数字技术海量存储、双向互动的传播特点为沟通提供了可能。从广告的信息沟通这一点上来讲，沟通是对告知功能的回归。但是，笔者认为广告告

① 本刊特约记者.对广告业未来生存环境的正视和思考——对话程士安[J].广告大观（综合版），2004(5):56-58.

② 沃尔夫.娱乐经济：传媒力量优化生活[M].黄光伟，译.北京：光明日报出版社，2001:3.

③ 张金海.20世纪广告传播理论研究[J].武汉：武汉大学出版社，2002:101.

知功能的回归是广告营销功能观现代转型的必然结果。这种回归并不是回到广告最初的起点，而是一种更高层次的回归，也可称为告知功能观念的升级，它有着更加深刻的内涵。

一、数字传播背景下广告告知功能观的升级及其可行性

之所以将广告营销功能在数字传播背景下的转型趋向概括为广告告知功能观的回归，是基于告知功能是广告产生之初人们对它的根本需求。“回归”二字重在表明，广告在诱导功能观主导下，几经浓墨重彩的渲染之后，重新承担起信息告知这一最简单、最朴素的任务。然而，与20世纪以前简单的社会环境中人们对广告的要求只是有关商品客观信息的简单告知不同，今天的社会营销环境和传播环境已经发生本质改变，广告本身也发生了根本性的变化，人们对广告的告知功能的需求也随着改变。在数字传播背景下，人们对广告的告知功能提出了更高的要求，告知功能需要进行更高层次的升级。而与此同时，数字传播技术的高速发展成为广告告知功能升级的重要保障。为区别于最初的告知功能观，笔者将升级形态的告知功能观称为“新告知功能观”。新告知功能观从以下三方面进行升级：

（一）广告营销观念的根本转型——从工具理性到价值理性

新告知功能观是广告营销观念的一次根本转型。以往营销功能观念的阶段性主导现象是社会发展过程中商业利益驱使下的必然结果，它们建立在广告工具价值的基础之上，都将广告作为促进销售的工具。差异则在于不同营销功能观主导下的广告内容的侧

重点不同。告知功能观以商品客观信息为主要广告内容；劝服功能观以围绕商品的某一独特功能展开对消费者的劝服为主要广告内容；而诱导功能观以针对消费者的心理需求开发商品的情感附加值作为主要广告内容。

新告知功能观建立在广告价值理性的基础之上，以实现广告的社会价值作为出发点，真正以消费者需求为中心来建构广告的内容体系，“促进自由市场经济合理秩序的进一步重构，并以此重塑广告良好的社会声誉”[①]。广告回归到价值理性的结果，可以用“退一步，海阔天空”来形容。当广告的营销意图赤裸裸地通过广告展现出来时，越来越理性的消费者会一眼识破，并不买账。而当广告主放弃急功近利的诱导方式，不再硬着头皮突破消费者坚实的心理防线，而是花更多的时间倾听消费者的心声，帮助消费者解决实际问题时，广告反而能像新闻一样具有公信力，成为消费者生活中不可缺少的一部分。广告促进销售的营销本质在潜移默化中得以实现。和由于诱导功能的放大导致广告效果下降、广告主的广告成本增加比较起来，新告知功能观从工具理性到价值理性的根本转型也为广告主的生存带来根本转机。可见，虽然广告的营销本质功能终不会改变，但其实现方式的观念转型却是意义重大。新告知功能观在价值理性的主导下，应从广告内容和广告形式两方面实现对告知功能观的升级。

(二)广告信息告知内容的升级——广告接近完全商品信息

从广告产生之初到目前为止，广告信息的告知一直是一种非

① 张金海，廖秉宜.网络与数字传播时代广告告知功能的回归[J].广告大观(综合版)，2006(7)：48-49.

完全商品信息的告知。究其原因有三：其一，从生产者角度来看，“王婆卖瓜，自卖自夸”。任何商家为了扩大产品销路，都会在广告中为产品说好话，将产品值得消费者购买之处告知消费者，如果有可能，更会尽量告知产品所有的优点，却绝不会透露一丁点有关产品缺陷的信息。这导致消费者知道的商品信息永远要比商家少，因此媒体曝光商家欺骗消费者内幕的情形时常引起轩然大波。其二，从媒介物理属性的角度来看，作为广告内容传播的载体，传统媒介信息容量的有限性导致广告的信息容量受到限制。广告要占用报纸杂志的版面空间和广播电视的播出时间，而纸质媒体的版面空间和电子媒体的播出时间原本有限，而这有限的空间和时间主要是用于承载媒体的新闻信息及其他节目内容，广告只能见缝插针，因此可用于广告信息传播的空间和时间容量是极其有限的。因此我们常见报纸上豆腐块大小的广告，而电视广告时间则以秒来计算。尽管纸质媒体经常扩充版面，广电媒体不断延长播出时间，但最终还是受限的。广告只能适应媒介载体的要求，在有限的时空中不断压缩信息容量。其三，从传统媒体的广告价格角度来看，版面和时间资源的稀缺性导致广告价格不断攀升，广告成本越来越高。一些权威媒体的广告竞标更是令广告价格在激烈的争夺中一路飙升。在这种情况下，多数广告主只能量力而行，选择能够负担得起的媒介形式做广告，在买得起的版面位置和时间段做广告。其结果则是在极度严格的版面和时间限制下，广告只能长话短说，好不容易做一次广告，当然要挑最好的说。因此，我们尚不谈什么完全商品信息，就连最基本的商品信息也不可能在广告中被详尽地传达。

广告告知功能的升级首先表现在告知内容的升级，即从以往广告非完全商品信息的告知升级到接近完全商品信息的告知。所谓完全商品信息，就是与商品有关的所有客观信息。这里使用“接近”二字有两层用意：其一表达的是一种真正以消费者为本位的广告态度，即广告要朝着将完全商品信息提供给消费者的方向去努力；其二又表明了现实的无奈，即想要让广告囊括所有的商品信息几乎是不可能的，这在现实环境中近乎是一种理想的状态。笔者所要强调的是第一层含义，也就是说虽然现实中告知消费者完全商品信息有些理想化，但在广告中接近完全商品信息却是每个广告主都可以去做的。唯有如此才是切实从广告的价值理性出发，为消费者与日俱增的信息需求提供服务，也唯有如此才能改变广告因一味诱导而导致公信力下降的局面，缓解整个广告行业的危机。

广告接近完全商品信息的观念是符合当前社会环境的，因为当前数字传播技术在媒介传播中的广泛应用使“接近完全商品信息的告知”成为可能，这是传统媒介传播技术无法企及的。首先，数字传播技术实现了信息的海量存储和传输，这为广告接近完全商品信息的告知提供了重要的技术保障。依托数字技术诞生的数字媒介采用数字压缩编码技术处理信息，与传统媒介相比，大大缩小了同样数量信息所占据的空间，从而能够极大地增加信息的存储量。而无限链接技术也拓展出无限的信息存储空间，只要有内容，就不愁没处展现。同时，互联网的高速传输技术能将信息存储于异地的介质空间，需要使用时再通过网络连接调取，这使信息的海量传输成为可能。毫无疑问，当广告以数字媒介作为新的传播载体时，海量存储技术使再多的商品信息都能保存，而海量传输技术使消费者可以获知这些信息。其次，依托数字传播技术发展而诞生的新媒介层出不穷，这改变了整个媒介生态系统。广告可以选择的传播载体更加灵活多样，甚至通过扫一扫二维码就能获得更多的广告信息，广告成本也随之下降。传统媒介在技术上为广告信息告知所造成的限制在数字传播时代都已不复存在。因此，广告接近完全商品信息的告知功能完全可以在数字传播技术的保障下得以实现。

（三）广告信息告知形式的升级——买卖双方的信息互动

在前两章笔者指出，数字传播背景下广告的生存形态和运作规律都已发生改变，广告的内涵扩大。在互联网上，买卖双方的界限变得模糊不清，任何个人既可以是消费者，也能成为商品的出售者。广告既是广告主向消费者传递的有关商品生产、供应和销售的信息，也是消费者发布的有关商品的需求或出售的信息。消费者个体的商品需求信息和商品出售信息也是广告。因此，在数字传播和网络传播的背景下，广告信息的告知，不仅仅是广告主将商品信息告知消费者，也包括消费者商品需求或出售信息的传达。而在以传统媒介大众传播为主导的时代，线性传播模式下的广告信息只能从媒体传播到消费者，却没有供消费者使用的信息传递渠道。这显然无法适应广告新的生存方式。在此情形下，广告信息告知的形式也必须升级，即从以往卖方向买方的信息单向告知升级为买卖双方的信息双向告知。信息互动是从形式上实现广告告知功能观升级的关键所在。而数字技术成为解决这一问题的重要技术支持。

数字技术具有非常高效的频谱利用率，因为它的信息管网如同双向车道，发出的信息和反馈的信息能够同时在“双向车道”内对向运行，这是模拟技术的传播系统无法实现的。将数字技术运用于传播领域，意味着不仅传统意义上的传播者可以传递信息，受众也能成为信息传播者。如果双方同时传递信息，信息则能够同时双向运行，真正实现了信息的交流和互动。广告信息的传播在数字技术的保障下具有双重含义：一方面，消费者可以通过广告，也可以通过与卖方的在线交流获取所需的商品信息，并能将使用商品或服务的评价意见信息反馈给卖方；另一方面，消费者可以通过互联网各种相关论坛发布广告——将商品的需求信息，或是出售商品的信息告知商家或网友，同时通过他们的反馈获得有价值的信息，以满足自身的个性化需求。

其实，广告信息告知形式的升级也能推进广告接近完全商品信息的实现。广告要接近完全商品信息，不能光靠商家依据自己对消费者的调查、分析和判断进行广告传播，因为商家的趋利本性或多或少会影响他们对消费者真正需求的精准洞察。商家的广告信息传播活动也需要消费者的参与。消费者的信息反馈对商家实现接近完全商品信息的告知是至关重要的一个环节。数字技术为消费者提供了多种信息反馈的渠道，他们可以将自己使用产品的感受、评价、建议或意见主动告知商家，这样才能促使商家更好地从消费者的角度出发，提供消费者需要的商品信息。而且，即便是接近完全商品信息的告知，在告知的过程中也必然存在先后顺序和主次之分，这就需要商家根据消费者需求的变化随时进行调整和选择，此时消费者的信息互动也就显得格外的重要。

值得思考的是，对于不同的消费者个体来说，他们对“完全商品信息”的认识可能是各不相同的。消费者个体千差万别，人人都有不同的成长背景、个性喜好、知识结构、人际圈子和生活经历，诸如此类的多种因素会影响消费者的消费需求和消费行为，这决定着他们对商品信息数量和种类的需求。根据美国心理学家马斯洛的需要层次理论，消费者的需求类型可概括为四种：物质功能型、精神情感型、身份炫耀型、自我实现型。物质功能型的消费者可能认为广告只要能够提供有关商品物质功能的详尽信息就算是完全商品信息，而其他三种类型的消费者所认同的完全商品信息则不仅仅是商品物质功能的介绍，还有关于商品的样式、价格、包装、消费意义等方面的信息。因此，接近完全商品信息的告知其实是因人而异的，要实现这一目标还需要广告信息的分众传播，甚至是一对一的传播。数字媒介分众化的传播特点恰恰也适应这一需求。

二、广告的数据库生存形态与新告知功能观的契合

从上文广告观念形态的变迁历程可以看到，任何时期的广告呈现在消费者面前的模样都是广告在当时社会环境下历经实践的结果，它从根本上取决于广告的实践主体所持有的主导广告观念形态。当主导广告功能观是简单的信息告知时，广告就像新闻一样对客观产品进行介绍；当主导广告功能观是对消费者进行劝服时，广告积极为产品寻找独特功能卖点以便对消费者进行劝服购买；当主导广告功能观是对消费者进行心理上的诱导时，广告又不遗余力地将产品打造成品牌，赋予其各种符号意义，以此攻破消费者的心理防线。那么，当数字传播时代新告知功能观成为主导广告功能观时，广告又将呈现出怎样的面貌呢？

基于达尔文主义范式，笔者对广告生存形态分析得出的结论是：在数字传播背景下，当广告基因（声音、文字、图像）与互联网相

结合时，变异成为必然逻辑。资讯化和交互性成为广告发展的主要特点。经过一个漫长的实践阶段，广告将颠覆以往的所有生存形态，以数据库方式将广告资讯化和交互性的特点最大限度地发挥出来。数据库生存形态成为广告"自然选择"的结果。如果从新告知功能观的视角来审视未来广告的数据库生存形态，则会发现广告的数据库生存形态符合新告知功能观对广告功能在新时期发展的新要求。它是符合新告知功能观主导下广告实践的必然产物。总体说来，新告知功能观对广告传播的要求体现在三个方面：其一，广告的告知要接近完全商品信息；其二，广告的告知是买卖双方的信息互动；其三，广告信息要进行分众传播才能实现对消费者个体而言的完全商品信息告知。以下我们从这三个方面论证广告的数据库生存形态与新告知功能观的契合。

(一)广告的数据库生存形态符合消费者对广告要接近完全商品信息的需求

首先，从广告数据库的功能定位来看，它是专业化的广告资讯平台，专门用来提供广告信息，以集中满足消费者对广告信息的需求。广告数据库是数字技术在广告传播中进行综合应用的成果，它是以数据库方式管理广告信息的一种计算机系统，将大量广告信息以计算机可识别的数据格式进行加工、整理、存储和管理。可见，广告的数据库生存形态以提供信息服务为根本宗旨，提供海量广告信息的存储和传输服务。它符合新告知功能观从价值理性出发对广告进行的颠覆性反思结果，即真正以消费者需求为中心建构广告的内容体系。

其次，从广告数据库的内容构成来看，它将内容建立在对不同行业产品的广告信息进行专业化分类的基础之上，专门针对某一类别产品提供最完整的产品信息查询服务，包括产品基本情况、品牌介绍、用户使用反馈信息以及不同品牌同类产品的性价比分析等，能够全方位地为消费者购买某类产品提供信息参考。在海量的数据资源进行使用和传输的过程中，还能够根据需要进行更新和重组，不断实现广告信息价值的再创造。

最后，从广告数据库的创建者和管理者的角度来看，无论是广告公司还是专门的数据库生产厂商，在广告数据库需要最终能够赢利的利益驱动下，数据库市场“优胜劣汰”的激烈竞争促使他们必须不断完善广告数据库的建设，以专业化、特色化的服务吸引消费者。这从本质上仍取决于广告数据库的广告信息质量，取决于广告数据库的信息能否满足消费者对完全商品信息的需求。因此，广告数据库运营方的市场竞争也能间接推动广告接近完全商品信息的实现。

总之，广告数据库作为一个资讯平台，其“一站式”的广告资讯服务能够极大地满足消费者的商品信息需求量，并能够大大减少消费者信息搜索的成本支出，而且能通过多样化的数据结构方式满足不同消费者的个性信息需求。它能最大限度地消解长期存在于广告传播中的买卖双方信息不对称的现象，使广告接近完全商品信息的传播变为现实。

(二)广告的数据库生存形态符合买卖双方信息互动的需求

广告数据库不仅是专业化的广告资讯平台，也是一个充分放大数字技术特征的数字媒介形式，它在本质上也可理解为专门存储和传输广告信息的媒介载体。与传统广告的单向传播模式截然不同，广告数据库提供一种双向互动、供需兼顾的广告信息交互式传输方式，是买卖双方信息交流互动的便捷平台。

在广告的数据库生存状态下，商家和消费者作为广告信息传播者和接收者的角色在不断地转换。当个人作为消费者使用广告数据库时，一方面是信息接收者，能够通过数据库搜索获得所需的商品信息，另一方面也是信息传播者，能通过与卖方在数据库平台上的在线交流实现信息互动，这时卖方变成信息接收者，被告知用户反馈信息或其他需求信息。

广告数据库专业化的生存方式意味着广告数据库在作为买卖双方信息交流平台的基础上，还能发展为在某一特定行业领域具有独特优势的商品交易平台。作为电子商务交易的平台，在对数据库平台的使用中，每个人都可能拥有双重身份，他们既是消费者，同时也可能是商品的卖家。在数据库技术支持下，不论是个人还是企业，买卖双方发出的供需信息都可以大量地储存在数据库中，这样可以在双方并不同时在线的情况下仍然保持互动。当买卖双方提供的信息达成高度一致时，数据库系统的程序设置就会自动识别、提醒并促成最终成交。

因此，无论是企业组织还是消费者个体，也无论他们是商品供应方还是需求方，广告数据库这一具有超大容量的资讯平台和交易平台都能为他们提供信息互动所必需的技术支持，买卖双方信息互动的需求可以得到极大满足。

（三）广告的数据库生存形态符合对信息进行分众传播的需求

“传播的转型和分众化传播时代的来临，对广告传播提出全新的传播语境、挑战和规则的再造。”[①]其中，消费者行为模式的巨大变化对广告信息的传播模式也提出了新的要求。在传统的AIDMA模式中，消费者对广告的反应顺序依次是注意(Attention)、兴趣(Interest)、欲求(Desire)、记忆(Memory)和行动(Action)。在整个过程中，营销传播者的信息传播居于主导地位。日本电通公司基于数字传播和网络时代的市场特征，对消费者行为模式进行了重构，即AISAS模式：Attention(注意)、Interest(兴趣)、Search(搜索)、Action(行动)、Share(分享)。与AIDMA模式相比较，消费者行为中主动的信息搜索更加突出，并且增加了购买使用之后信息的分享环节，这尤其凸显了消费者的主体地位和能动性。“这种消费者行为模式的改变对应的传播领域就是消费者信息接收的主体性、能动性和个性化，而不会是‘魔弹论’理论观照下的麻木不仁的受众。”[②]在消费者主体性、能动性和个性化特征越来越显著的情况下，要实现新告知功能观倡导的接近完全商品信息的告知，就不能忽视消费者的碎片化趋向，要洞察不同的个体消费者对商品信息的不同需求，进行广告的分众化传播，甚至是一对一的传播。因为分众传播正是建立在承认差异、尊重个性的基础之上的。

其实，各种新数字媒体的出现正是对消费者碎片化现象的回应。而伴随着广告分众传播的营销需求，各种类型的分众类广告传媒应运而生并发展迅猛，已占据大量的广告市场份额。其中以江南春的分众传媒为典型代表。然而，无论是公交移动电视，还是

① 舒咏平.数字传播环境下的广告传播观念的变革[J].新闻大学，2007(1)：98-101.
② 钱广贵.从分众传播到分众类广告传媒——基于传播转型的批判反思[J].新闻界，2009(2)：22-24.

商业楼宇液晶电视或电影院线大银幕等分众类广告传媒，其广告传播仍以受众的强制性收看作为最显著的特征，在本质上是一种典型的单向度的、强制性的、以传者为主导的传播模式。分众传媒CEO江南春认为，强制性收视是未来新媒体发展的趋势之一①。世通华纳强调其最大的传播优势就是“移动电视媒体封闭性、垄断性、重复性、强迫性的收视特点”②。可见，这些分众类媒体仍是在以传者为中心、视受众为被动“靶子”的观念主导下进行运作的。它们并未尊重消费者的个性需求，只是进行强制性的信息灌输，最终只会引起消费者的抵制情绪。即便广告信息专门为细分受众准备且有很高的到达率，但若消费者视而不见，或见而不记，则广告很难达到分众传播的效果。甚至可以说，广告失去了信息告知的对象。在此情形下，广告接近完全商品信息的告知更是无从谈起。

当前分众类媒体是通过向不同的细分消费群体传播不同的广告信息来实现分众传播，但消费者却排斥这种被动传播模式。广告数据库成为解决这一问题的最佳媒介形态。它将海量的广告信息聚合在一起供使用者搜索、筛选和浏览，充分彰显消费个体的主动性和个性。这就如同餐厅提供的自助餐服务，消费者能够各取所需。CCMedia的CEO詹忠坪说：“所有比较精准的方式，牵扯到的技术含量都比较高，必须把这些大量的讯息很快搜集出来，然后很快把它做一些精准化，然后进行分析。”③拿网络广告来说，其广告的匹配方式已大致经历随机匹配、人口统计匹配、内容文字匹配

① 媒体圈、生活圈——价值中国专访分众传媒CEO江南春[EB/OL].(2009-12-27)[2016-11-12].http://www.chinavalue.net/pvisit/jiangnanchun.aspx.

② 世通华纳主页：http://www.towona.com/zh/channels.action? id=1001.

③ 刘琦琳.碎片化时代的精准营销[J].互联网周刊，2008(21)：74-75.

和行为匹配四个阶段。而手机报、手机电视、网络视频、卫星电视等新媒体的精准定位技术也在不断提高。广告数据库作为未来广告生存的主要形态，其开发商和运营商对其进行技术革新的脚步不会停止。随着广告数据库技术的进步，它将不仅能够进行广告信息的分众传播，还能实现一对一的信息传递和交流。这样，不同消费者由于对完全商品信息的不同理解而产生的不同信息需求，通过广告数据库都能够得到满足。

结　语

2010年1月27日，苹果公司在美国旧金山芳草地艺术中心举办新闻发布会，由首席执行官史蒂夫·乔布斯发布传闻已久的平板电脑——iPad。iPad的显示器为9.7英寸，厚度为12.7毫米，重量681克。在iPad系列已推出的不同型号产品中，iPad mini薄至7.5毫米，重量仅331克。而1946年诞生的世界上第一台名为ENIAC的电脑长30.48米，宽1米，占地面积170平方米，有30个操作台，重达30吨。仅仅通过外观上的比较，数字技术的飞速发展也足以令人惊叹。70年前谁会想象得到今天的电脑能够置于手掌之中？数字技术的发展在不断挑战着人类的想象力和创造力。关于广告发展的想象亦是如此。在当前由数字技术构建的传播网络中，传统媒介的衰落与新兴媒介的崛起是一个不可逆转的趋势。以数字与网络技术为核心的新媒介，迅速成为当前传播的主导。在媒介数字化与网络化生存的背景下，网络传播已经成为广告传播的主导形态。当媒介数字化发展到数据库生存的终极形态时，专业化数据库生存将成为未来广告的一种重要生存形态。广告的专业化数据库生存将是信息流、物流与资金流的合一。

广告的专业化数据库生存是对传统广告观念的彻底颠覆。数字技术的运用将改变广告一贯呈现出来的诱导攻势，促进广告完全商品信息告知功能的实现，从而完成广告价值理性的回归，成为消费者生活中真正必不可少的一部分。这将是广告发展进程中具有里程碑意义的重大转变。然而，我们只能对可以预见的未来作出合理性预测，而无法预知终点的景象，因为数字技术的发展和进步没有终点。媒介经济学家布鲁斯·欧文说："我对自己提出的最重要的问题是：怎样使广告成为人们不仅愿意容忍而且乐于获得的东西？"数字技术的发展之于广告的意义正在于，它将不断推动广告更好地融入人们的日常生活中，成为"人们愿意容忍而且乐于获得的东西"。也许，科技以人为本的理念在数字技术与广告发展的互动中得到了最好的印证。本书的观点将在广告未来的发展中经受检验，笔者对此充满期待。

关于数字传播背景下广告的发展问题，本书更重要的意义或许在于选题的提出，以及对这一选题作出理论阐释的初步尝试。本书仍存在诸多不足之处。一是本研究属于预测性研究，主要运用的是逻辑推理和判断，由于缺少具有说服力的理论积淀，容易陷入一味的主观推断，对生物进化论的分析框架没有进行完整的运用；二是由于缺乏足够的实践经验，对广告具体运作层面的把握可能并不全面，也可能出现理想化偏向，不一定切实可行；三是本书重点从技术发展角度探讨广告的生存和发展，而较少从制度层面展开讨论，这对一个问题研究的完整性来说不免是一个缺陷。这些不足将成为进一步研究中需要解决的问题。

参考文献

一、译著类中文文献

1.孔德.论实证精神[M].北京:商务印书馆,1996.

2.格里菲思.数字电视战略——商业挑战与机遇[M].罗伟兰,译.北京:中国传媒大学出版社,2006.

3.奥格威.一个广告人的自白[M].林桦,译.北京:中国友谊出版公司,1991.

4.达尔文.物种起源[M].舒德干,等,译.西安:陕西人民出版社,2001.

5.舒尔茨,等.整合营销传播[M].吴怡国,等,译.北京:中国物价出版社,2002.

6.波普诺.社会学(第十版)[M].北京:中国人民大学出版社,2003.

7.亚科布奇,卡尔德.凯洛格论整合营销[M].邱琼,王辉锋,译.海口:海南出版社,三环出版社,2007.

8.麦奎尔.受众分析[M].北京:中国人民大学出版社,2004.

9.迈尔.进化是什么[M].上海:上海科学技术出版社,2000.

10.罗杰斯.传播学史——一种传记式的方法[M].殷晓蓉,译.上海:上海译文出版社,2001.

11.迪尔凯姆.社会分工论[M].北京:三联书店,2000.

12.托夫勒.权力的转移[M].北京:中信出版社,2006.

13.赫胥黎.天演论:物竞天择,适者生存[M].北京:商务印书馆,1933.

14.斯宾塞.社会学研究[M].北京:华夏出版社,2001.

15.加伯瑞.数字电视与制度变迁——美国与英国的数字电视转换之路[M].北京：人民邮电出版社，2006.

16.迈尔森.达尔文与物种起源[M].大连：大连理工大学出版社，2008.

17.特纳.社会学理论的结构(上)[M].北京：华夏出版社，2001.

18.富勒.信息时代的新闻价值观[M].陈莉萍，译.北京：新华出版社，1999.

19.拉塞尔.克莱普纳广告教程(第十五版)[M].北京：中国人民大学出版社，2005.

20.帕夫利克.新媒体技术——文化和商业前景(第 2 版)[M].周勇，译.北京：清华大学出版社，2005.

21.菲德勒.媒介形态变化：认识新媒介[M].明安香，译.北京：华夏出版社，2000.

22.舒德森.广告：艰难的说服——广告对美国社会影响的不确定性[M].陈安全，译.北京：华夏出版社，2003.

23.沃尔夫.娱乐经济：传媒力量优化生活[M].黄光伟，等，译.北京：光明日报出版社，科文出版有限公司，2001.

24.波特.竞争优势[M].陈小悦，译.北京：华夏出版社，2005.

25.麦奎尔.麦奎尔大众传播理论[M].北京：清华大学出版社，2006.

26.波斯特.第二媒介时代[M].南京：南京大学出版社，2000.

27.摩尔根.古代社会[M].南京：江苏教育出版社，2005.

28.麦克卢汉.理解媒介——论人的延伸[M].何道宽，译.北京：商务印书馆，2000.

29.尼葛洛庞蒂.数字化生存[M].胡泳，范海燕，译.海口：海南出版社，1996.

30.利文森.软边缘：信息革命历史与未来[M].熊澄宇，等，译.北京：清华大学出版社，2002.

31.达夫特.管理学(第 5 版)[M].北京：机械工业出版社，2005.

32.瓦戈.社会变迁(第 5 版)[M].北京：北京大学出版社，2007.

33.鲍德温，麦克沃依，斯坦菲尔德.大汇流：整合媒介信息与传播[M].龙耘，官希明，译.北京：华夏出版社，2000.

34.施拉姆，波特.传播学概论[M].陈亮，等，译.北京：新华出版社，1984.

35.阿伦斯.当代广告学(第 8 版)[M].丁俊杰，等，译.北京：人民邮电出版社，2005.

36.塔洛.分割美国:广告主与新媒介世界[M].北京:华夏出版社,2003.

37.西沃卡.肥皂剧、性、香烟:美国广告200年经典范例[M].周向民,田力男,译.北京:光明日报出版社,1999.

二、国内论著类中文文献

1.程洁.新数字媒介论稿[M].上海:上海三联书店,2007.

2.陈培爱.中外广告史——站在当代视角的全面回顾(第二版)[M].北京:中国物价出版社,2002.

3.陈刚.当代中国广告史:1979—1991[M].北京:北京大学出版社,2010.

4.陈刚,等.新媒体与广告[M].北京:中国轻工业出版社,2002.

5.杜国清.新媒体激变:广告2.0时代的新媒体真相[M].北京:中信出版社,2008.

6.杜国清.广告即战略:品牌竞合时代的战略广告观[M].北京:中国传媒大学出版社,2004.

7.傅玉辉.大媒体产业:从媒介融合到产业融合——中美电信业和传媒业关系研究[M].北京:中国广播电视出版社,2008.

8.方萍,曹凑贵,赵建夫.生态学基础[M].上海:同济大学出版社,2008.

9.黄楚新.嬗变与重构——中国IPTV发展现状与走向[M].北京:中国传媒大学出版社,2008.

10.黄艳秋,杨栋杰.中国当代商业广告史[M].开封:河南大学出版社,2006.

11.黄升民.中国数字新媒体发展战略研究[M].北京:中国广播电视出版社,2008.

12.刘千桂.众媒介理论——广告解放运动宣言[M].北京:中国传媒大学出版社,2008.

13.陆小华.整合传媒[M].北京:中信出版社,2002.

14.刘文沛,应宜伦.互动广告创意与设计[M].北京:中国轻工业出版社,2007.

15.卢小雁,张琦.电子媒介广告[M].杭州:浙江大学出版社,2006.

16.刘泓.广告社会学[M].武汉:武汉大学出版社,2006.

17.李海峰.网络传播与新广告[M].武汉:武汉出版社,2002.

18.潘祥辉.媒介演化论——历史制度主义视野下的中国媒介制度变迁研究[M].北京:中国传媒大学出版社,2009.

19.邱小平.表达自由——美国第一宪法修正案研究[M].北京:北京大学出版社,2005.

20.芮明杰,刘明宇,任江波.论产业链整合[M].上海:复旦大学出版社,2006.

21.舒咏平.广告创意思维[M].合肥:安徽人民出版社,2004.

22.舒咏平,陈少华,鲍立泉.新媒体与广告互动传播[M].武汉:华中科技大学出版社,2006.

23.邵培仁.传播学[M].北京:高等教育出版社,2000.

24.苏士梅.中国近现代商业广告史[M].开封:河南大学出版社,2006.

25.孙建红.电子商务案例分析[M].北京:对外经济贸易大学出版社,2008.

26.王菲.媒介大融合:数字新媒体时代下的媒介融合论[M].广州:南方日报出版社,2007.

27.王文科.传媒导论[M].杭州:浙江大学出版社,2006.

28.王宏.数字媒体解析[M].重庆:西南师范大学出版社,2006.

29.王霆,卢爽.数字化营销[M].北京:中国纺织出版社,2003.

30.许志玲,赵莉.数据库营销:分众营销时代的营销利器[M].北京:企业管理出版社,2008.

31.徐卫华.新广告学[M].长沙:湖南师范大学出版社,2007.

32.徐保民.电子商务的数据管理技术[M].北京:中国水利水电出版社,2005.

33.许俊基.中国广告史[M].北京:中国传媒大学出版社,2006.

34.杨海军,王成文.世界商业广告史[M].开封:河南大学出版社,2006.

35.张金海,程明.新编广告学概论[M].武汉:武汉大学出版社,2009.

36.张金海.20 世纪广告传播理论研究[M].武汉:武汉大学出版社,2002.

37.郑欣.空间的分割——新媒体广告效果研究[M].北京:中国传媒大学出版社,2008.

38.赵琛.中国广告史[M].北京:高等教育出版社,2008.

三、论文类中文文献

1.陈培爱.中国广告业:发展中摆脱困境[J].广告大观(综合版),2007(6).

2.程洁.试论新旧媒介的划分[J].国际新闻界,2006(5).

3.蔡凯如.关于广播电视媒介形态的理论考察[J].湖南大众传媒职业技术学院学报,2003,3(1).

4.程士安.国际视野下的中国广告业发展之路[J].广告大观(综合版),2007(6).

5.程明,姜帆.整合营销传播背景下广告产业形态的重构[J].武汉大学学报(人文科学版),2009(4).

6.陈刚.后广告时代——互联网时代的广告空间[J].现代广告,2001(7).

7.陈刚.后广告时代——创意传播管理革命[J].广告大观(综合版),2008(7).

8.蔡雯.媒介大汇流下的“融合新闻”[J].传媒观察,2006(10).

9.陈致烽.数字电视广告生存形态探析[J].福建师范大学福清分校学报,2006(2).

10.陈致烽.广告专业频道——数字电视时代的新选择[J].广告大观(综合版),2008(2).

11.陈先红.关于广告文化的理性思考[J].现代传播.2003(2).

12.陈翔.消费社会背景下的广告文化批判[J].新闻与传播研究,2002(2).

13.陈瑛,王媛.危机·广告产业链整合传播[C].公关与广告国际论坛,2008.

14.陈欢.重新审视整合营销传播[J].中国广告,2002(1).

15.陈岩.广告媒体的数字化未来[J].广告人,2007(11).

16.程士安.数字化时代广告业的“蓝海”究竟在哪里?[J].广告大观(综合版),2007(3).

17.邓敏.我国广告产业集群现状分析[J].当代传播,2008(1).

18.戴丽娜.数字化时代背景下的广告传播[J].网络与信息,2008(9).

19.丁俊杰.2008年,中国广告业的动力与动向[J].山西大学学报(哲学社会科学版),2008(5).

20.苟凯.解开数字报发展的谜题[J].中国传媒科技,2008(7).

21.黄升民.中国电视媒介的数字化生存[J].现代传播,1999(6).

22.黄升民.分与聚:一个潮流五大关键[J].广告大观(综合版),2007(6).

23.黄升民,杨雪睿.碎片化背景下的分众传播与新媒体发展[J].广告主,2006(5).

24.黄升民.广告市场环境的变化与营销应对[J].中国广告,2006(8).

25.韩志国.把脉中国数字报业发展[J].中国传媒科技,2007(1).

26.何佳讯,丁玎.整合营销传播范式下的西方广告公司组织变革[J].外国经济与管理,2004,26(1):44-47.

27.黄迎新.数字技术背景下的广告生存形态变迁[J].东南传播,2009(6).

28.季桂保.博德里亚的"消费社会"批判理论述评[J].国外社会科学,1999(2).

29.廖秉宜.韩国企业集团广告公司的发展及其启示[J].广告大观(理论版),2006(6).

30.廖秉宜.日本媒介型广告公司的发展及其启示[J].广告大观(理论版),2007(1).

31.来向武,赵战花.媒介特征与传播偏向的优势——当前我国数字报纸的媒介形态变化探析[J].新闻知识,2008(1).

32.刘瑞生.播客:Web2.0时代的典型传媒形态——国内播客现状研究[J].中国传媒科技,2006(5).

33.刘雪颖.从媒介形态的嬗变看数字电视现状和发展[J].当代传播,2003(5).

34.李彦魁,闵大洪.报业数据库建设是实现数字报业战略的重要内容[J].中国报业,2006(10).

35.李金铨.中国媒介的全球性和民族性:话语、市场、科技以及意识形态[J].二十一世纪,2003(10).

36.林升梁.数字电视广告生存形态探析[J].广告大观(综合版),2008(2).

37.连水兴.消费社会与广告文化批判[J].东南传播,2005(4).

38.梁华伟.数字传播时代广告互动性探析[J].网络财富,2008(7).

39.刘静.中国广告业数字化发展内涵初探[J].中国广告,2007(1).

40.孟建.透视大整合中的中国电视业[J].现代传播,2001(5).

41.钱广贵.从分众传播到分众类广告传媒——基于传播转型的批判反思[J].新闻

界,2009(2).
42.舒咏平.数字传播环境下广告观念的变革[J].新闻大学,2007(1).
43.沈海晖.论数字时代广告表现的变革[J].江西科技师范学院学报,2004(10).
44.唐超.数字报业时代信息的多重开发[J].中国报业,2007(1).
45.王鸿涛.媒介融合现状与前景[J].中国记者,2007(6).
46.王菲.媒介融合中广告形态的变化[J].广告大观(理论版),2007(6).
47.王国平.产业形态特征、演变与产业升级[J].中共浙江省委党校学报,2009(6).
48.肖盼章.媒介形态视角下的网络电视研究[J].商业文化(学术版),2007(5).
49.谢征,胡媛媛.从铅火时代到赛博空间——试谈我国报纸出版印刷技术的发展[J].中国传媒科技,2004(7).
50.徐君康.数字报业价值链的审视[J].当代传播,2008(4).
51.许颖.互动·整合·大融合——媒体融合的三个层次[J].国际新闻界,2006(7).
52.喻国明.报网互动:从传统报业向数字报业的转型——当前中国传媒产业面临的三种转型(下)[J].中国传媒科技,2007(4).
53.喻国明、李莹."Web圆桌"的演进及其社会效应[J].新闻与写作,2008(10).
54.喻国明.关于当前中国传媒产业发展的战略思考[J].山西大学学报(哲学社会科学版),2007,30(1).
55.于小川.技术逻辑与制度逻辑——数字技术与媒介产业发展[J].武汉大学学报(人文科学版),2007(6).
56.余晓莉.广告营销功能观的历史变迁与现代转型[J].武汉大学学报(人文科学版),2009(4).
57.叶茂中.危机与机遇:互动时代的中国广告业[J].广告大观(综合版),2007(6).
58.杨海军.媒介融合背景下中国广告理论与实践的十大话题[J].新闻界,2007(6).
59.张金海.广告的现实生存与未来发展[J].武汉大学学报(人文科学版),2009(4).
60.张金海.中国广告产业将走向何方?——中国广告产业现状与发展模式研究报告[J].现代广告,2006(7).
61.张金海,黄迎新.广告代理的危机与广告产业的升级与转型[J].广告大观(综合版),2007(6).

62.张金海,廖秉宜.中国广告产业集群化发展的战略选择与制度审视[J].广告大观(理论版),2009(1).

63.廖秉宜.中国本土广告产业核心竞争力的消解与重构[J].商业研究,2013,55(9).

64.张金海,廖秉宜.网络与数字传播时代广告告知功能的回归[J].广告大观(综合版),2006(7).

65.张金海,王润珏.数字技术与网络传播背景下的广告生存形态[J].武汉大学学报(人文科学版),2009(4).

66.周明.手机广告有可能成为下一个数字传媒平台[J].中国新通信,2008(12).

67.赵瑜.国际媒介政策的范式与转型——以数字电视政策为例的研究[J].现代传播,2008(4).

68.张春林.报业集团数据库营销思路分析[J].长江师范学院学报,2009,25(3).

69.朱建伟.数字传媒时代媒体的网络化生存[J].新闻爱好者,2008(8).

70.张立勤.20年后媒介形态变化断想[J].青年记者,2007(8).

71.郭炜华.新媒体基本特质及发展趋势[N].中华新闻报,2006-3-15.

72.黄迎新.整合营销传播理论批评与建构[D].武汉:武汉大学,2008.

73.卢安宁.数字时代的广告生存形态研究[D].武汉:武汉大学,2008.

74.刘贯富.产业链基本理论研究[D].长春:吉林大学,2006.

75.廖秉宜.自主与创新:中国广告产业发展研究[D].武汉:武汉大学,2008.

76.熊蕾.广告的权力机制研究[D].武汉大学,2008.

77.徐沁.泛媒体时代的生存法则——论媒介融合[D].杭州:浙江大学,2008.

78.于小川.技术逻辑与制度逻辑——数字技术背景下中国传媒产业发展研究[D].武汉:武汉大学,2008.

四、英文文献

1. ALEXANDER, JONATHAN. Media Convergence: Creating Content, Questioning Relationships[J].Computers & Composition,2008,25(1).

2.A. MICHAEL NOLL.The Myth of Convergence[J].The International Journal on Media Management,2003,5(1).

3.ASLE ROLLAND.Convergence as Strategy for Value creation[J].The International Journal on Media Management,2003,5(1).

4.ANDERS GRONSTEDT,ESTHER THORSON.Five Approaches to Organize an Integrated Marketing Communication Agency[J].Journal of Advertising Research,1996,36(2).

5.BUM SOO CHON et al.A Structural Analysis of Media Convergence:Cross－Industry Mergers and Acquisitions in the Information Industries[J].Journal of Media Economics,2003,16(3).

6.BERND W.WIRTZ.Convergence Processes,Value Constellations and Integration Strategies in the Multimedia Business[J].The International Journal on Media Management,1999,1(1).

7.BRAIN L.MASSEY.Examination of 38 Web Newspapers Shows Nonlinear Storytelling rare[J].Newspaper Research Journal,2004,25(3).

8.BRUCE GARRISON.Newspaper Journalists use e-mail to Gather News[J].Newspaper Research Journal,2004,25(2).

9.BRUCE GARRISON.How Newspaper Reporters Use the Web to Gather News[J].Newspaper Research Journal,2003,24(3).

10.CHRISTINA SPURGEON.Advertising and New Media[M].Routledge,2008.

11. CHRISTOPHER GROSSO, AMY GUGGENHEIM SHENKAN, BART SICHEL.The Promise of Digital Advertising[J].Customer Relationship Management,2006,10(6).

12.CAMILLE ALARCON.Online Newspapers Spread the Brand Abroad[J].Marketing Week,14. 02. 08

13.COLLINS,RICHARD.Broadcasting and Audio－Visual Policy in the European Single Market[M].London:John Libbey,1994.

14. FLAVIAN, CARLOS, GURREA, RAQUEL. The Choice of Digital Newspapers:Influence of Reader Goals and User Experience[J]. Internet Research,2006,16(3).

15.HOLMES,NEVILLE.Side Effects of Digital Technology[J].Computer,2004,35(4).

16. HAWKINS, DONALD T. Digitization: From Inception to Income [J]. Information Today,2006,23(5).

17. H. A. Innis. The Bias of Communication[M]. Toronto: University of Toronto Press,1951.

18. JURAN KIM, SALLY J. MCMillan. Evaluation of Internet Advertising Research[J].Journal of Advertising,2008,37(1).

19.JENNIFER WOOD ADAMS.U.S.Weekly Newspapers Embrace Web Sites[J]. Newspaper Research Journal,2007,28(4).

20.JACK ROSENBERRY.Few Papers Use Online Techniques to Improve Public Communication[J].Newspaper Research Journal,2005,26(4).

21.JOHN DIMMICK,YAN CHEN,ZHAN Li.Competition Between the Internet and Traditional News Media:the Gratification—Opportunities Niche Dimension [J].Journal of Media Economics,2004,17(1).

22.JENKINS,HENRY.The Cultural logic of Media Convergence[J].International Journal of Cultural Studies,2004,7(1).

23. KETTERER. Case Study Shows Limited Benefits of Convergence [J]. Newspaper Research Journal,2004,25(3).

24.KENNETH C.KILLEBREW.Culture,Creativity and Convergence: Managing Journalists in a Changing Information Workplace[J].The International Journal on Media Management,2003,5(1).

25.K.GANESH.Digital Media:Building the Global Audience[M].Gnosis,2006.

26.KING,DOUGLAS.Digital Information and Knowledge Management[J].Journal of Electronic Resources Librarianship,2008,2(1).

27.L.CAROL CHRISTOPHER.Atex Teams With 2AdPro to Bolster Newspapers' Online Ad Services[J].The Seybold Report,8(15):3.

28.LOU LICHTENBERG.Influences of Electronic Developments on the Role of Editors and Publishers—Stratigic Issues[J].The International Journal on Media Management,1999,1(1).

29.MICHAEL MALONE.Newspapers Find Online Video Niche[J].Broadcasting & Cable,June 11,2007.

30.MARTHA GARCIA—MURILLO.The Impact of Technological Convergence on the Regulation of Industries[J].The International Journal on Media Management,2003,5(1).

31.MICHELLE R. NELSON.The Hidden Persuaders:Then and Now[J]. Journal of Advertising,2008,37(1).

32.PALMER,JONATHAN W.ERIKSEN,LARS Bo.Digital Newspapers Explore Marketing on the internet[J].Communications of the ACM,1999,42(9).

33. PACKARD VANCE. The Hidden Persuaders [M]. New York: David McKay,1957.

34.RICH GORDON.The Meanings and Implication of Convergence,Digital Journalism:Emerging Media and the Changing Horizons of Journalism[M].New York:Rowman&Littlefield.

35.RUBEL,STEVE.Why Your Car May Soon be Driving Digital Advertising[J]. Advertising Age,2008,79(22).

36.STEVEN S ROSS.Ambivalence Toward Convergence:Digitalization and Media Change[J].Journalism and Mass Communication Quarterly,2008,85(2).

37.SWEENEY,MARK.The National Digital Newspaper Program:Building on a Firm Foundation[J].Serials Review,2007,33(3).

38.WALTER FISCHER.Digital Television[M].Springer,2004.

39. WILLIAM P CASSIDY. Web—Only Online Sites More Likely to Post Editorial Policies Than are Daily Paper Sites[J]. Newspaper Research Journal, 2005, 26(1).

40. YU — HUI TAO, CHU — CHEN ROSA YEH. Simple Database Marketing Tools in Customer Analysis and Retention[J]. International Journal of Information Management, 2003, 23(4).

图书在版编目(CIP)数据

数字传播背景下广告发展研究 / 姜帆著.—北京:中国传媒大学出版社,2018.1
ISBN 978-7-5657-2177-9

Ⅰ.①数… Ⅱ.①姜… Ⅲ.①数字技术—应用—广告—市场营销学—研究
Ⅳ.①F713.8－39

中国版本图书馆 CIP 数据核字（2017）第 290721 号

数字传播背景下广告发展研究
SHUZI CHUANBO BEIJINGXIA GUANGGAO FAZHAN YANJIU

著　　者	姜　帆
责任编辑	赵　欣
特约编辑	高卓毓
责任印制	曹　辉
封面设计	大鹏工作室
出版发行	中国传媒大学出版社
社　　址	北京市朝阳区定福庄东街 1 号　邮编:100024
电　　话	86－10－65450528　65450532　传真:65779405
网　　址	http://www.cucp.com.cn
经　　销	全国新华书店
印　　刷	三河市东方印刷有限公司
开　　本	787mm×1092mm　1/16
印　　张	13.75
字　　数	160 千字
版　　次	2018 年 1 月第 1 版　　2018 年 1 月第 1 次印刷
书　　号	ISBN 978-7-5657-2177-9/F・2177　**定　　价**　58.00 元